Le Management en Questions

Les questions efficaces sur nos relations aux autres, dans la vie professionnelle et privée.

Etienne Pluvinage

Le Management en Questions

Les questions efficaces sur nos relations aux autres, dans la vie professionnelle et privée.

www.albaneditions.com

Avant-propos

Pour avoir travaillé dans plusieurs entreprises de nationalités différentes et de cultures très variées, je me suis rendu compte que ce qui constitue les fondements de nos rapports dans le travail et dans la vie en général, est constant, quel que soit le groupe. Les êtres humains, bien que vivant dans des environnements et des climats différents, reproduisent des modes de fonctionnement en groupe de travail très similaires.

Ce constat n'aurait pas grand intérêt s'il s'agissait simplement de se réjouir de ce que les hommes et les femmes vivent et travaillent heureux sous toutes les latitudes.

Or, il est évident que la réalité pour le plus grand nombre, est autre.

La méthode décrite dans ce livre et élaborée à partir de ce "fonds commun de comportements", propose d'aider les entreprises et les personnes à travailler et vivre de manière plus efficace en résolvant les différends de façon épanouissante pour tous, tout en favorisant croissance et rentabilité.

Quand nous quittons notre domicile pour nous rendre sur notre lieu de travail, nous emportons quelques ingrédients que nous mélangeons à ceux de nos collègues pour confectionner un repas dont nous nous nourrissons avec plus ou moins de bonheur. Certaines recettes nous régénèrent magnifiquement, d'autres nous maintiennent à niveau, d'autres encore, nous rendent complètement malades.

Notre expérience est un de ces ingrédients. C'est à elle que nous faisons appel en permanence pour comprendre ce qui se passe chaque jour. Nous comparons chaque événement, chaque rencontre, chaque parole à ce que nous avons déjà vécu pour en évaluer la signification et la portée. Ce n'est ni bien ni mal, c'est tout simplement inévitable. Il est néanmoins utile d'en être conscient afin que nos souvenirs nous rendent plus efficaces alors que souvent ils nous poussent à des jugements hâtifs et nous encouragent à reproduire les mêmes réponses. L'inconnu fait peur et le changement inquiète. Souvent nous allons vers le premier et nous souhaitons le second pour fuir une situation désagréable. Vous avez déjà certainement entendu ce genre de propos :

- J'ai déjà connu ce genre de situation dans l'entreprise. La solution est évidente, il faut absolument que nous décidions de...

Le mécanisme consiste à comparer la situation actuelle à ses souvenirs pour prendre une décision. C'est utile pour soi-même, mais cela devient plus compliqué pour convaincre quelqu'un qui n'a pas le même vécu. Cela donne lieu à d'interminables échanges au cours desquels chacun explique à l'autre ce que son expérience personnelle l'amène à croire. Il ne se passe pas grand chose dans ce genre de situations jusqu'à ce que l'on décide de feuilleter l'album de photos souvenir de l'autre pour comprendre ce qu'il veut dire. Mais même quand nous faisons cet effort, nous avons des lunettes tintées sur le nez.

Notre mémoire véhicule également nos craintes qui nous rendent vigilants mais qui parfois nous handicapent dans nos rapports aux autres. Nos besoins et nos espoirs nous motivent mais peuvent aussi nous rendre sourds aux besoins et aux espoirs des autres. Les évènements, les rencontres, les paroles entendues, tout déclenche en nous des émotions liées à ce que nous avons vécu précédemment. Ces émotions déterminent en grande partie notre comportement, et moins nous les connaissons, plus elles nous conditionnent à réagir de manière automatique et répétitive. La définition de l'émotion dans le dictionnaire Hachette 2000 est la suivante : "Trouble intense de l'affectivité, réaction immédiate, incontrôlée ou inadaptée, à certaines impressions ou à certaines représentations ". Quand nous laissons nos émotions prendre le contrôle, nous réagissons de manière rapide et non réfléchie, à des évènements que nous interprétons en fonction de nos souvenirs. Il existe de nombreuses expressions intéressantes décrivant les émotions dont celle-ci que l'on utilise pour signifier que l'on est en colère : "Cela m'a mis hors de moi !". Deux éléments sont particulièrement importants dans cette phrase. Le premier est que je suis victime de l'événement qui a provoqué cette émotion. Ce n'est pas moi qui me suis mis en colère, c'est l'événement qui a provoqué ma réaction. Cela doit vouloir signifier que je sais bien que me mettre en colère n'est pas très efficace, mais que ce n'est pas ma faute. Le deuxième élément est la perte de contrôle de moi-même décrite par la locution "hors de moi". L'événement indépendant de ma volonté, a provoqué en moi une réaction incontrôlable dont je ne suis pas responsable et qui a eu pour conséquence de me dissocier de moi-même. On comprend aisément à quel point cela rend les rapports aux autres difficiles dans le cadre du travail. Bien sûr, il est rare que nous soyons "hors de nous", et quand cela arrive, c'est généralement de courte durée. En revanche, il n'est pas rare du tout que nos émotions nous privent, non pas de nous-même, mais d'une partie de nos ressources, diminuant ainsi notre efficacité dans le travail.

Il n'est pas question d'occulter ce que nous sommes pendant les heures de travail. En revanche, le groupe de travail est formé pour atteindre certains objectifs et il a besoin que chacun y contribue en apportant le meilleur de lui-même afin d'en retirer le meilleur pour lui-même et pour le groupe.

Pour cela, l'entreprise, le groupe de travail, a besoin d'une méthode qui permet aux individus d'être valorisés dans l'accomplissement de leur mission pour rendre l'entreprise plus efficace et plus rentable.

Il est utile de bien connaître ce que nous avons dans nos bagages pour n'utiliser que ce qui sert nos objectifs

Le Traitement des Objectifs Prioritaires

Le sentiment de réussir ce que l'on entreprend peut apporter une satisfaction intense et donner l'élan pour entreprendre encore, pour encore plus d'efficacité et de bien-être. Avoir envie de réussir ne suffit pas, il faut aussi savoir quels résultats on veut obtenir, comment on les mesure et comment on organise toutes nos ressources pour y parvenir.

Le Traitement des Objectifs Prioritaires est une méthode simple, applicable seul ou en groupe, à la vie privée et professionnelle, et qui aide à accomplir, à s'accomplir.

Cette méthode de management des ressources ne préconise pas un chemin plutôt qu'un autre, elle aide à avancer de manière efficace, quelle que soit la route choisie.

Le Traitement des Objectifs Prioritaires (T.O.P.) est un modèle d'organisation permettant aux individus et aux groupes d'utiliser leurs ressources de la manière la plus efficace possible.

Quelles que soient nos envies, nos besoins, nos aspirations ou même nos incertitudes, cette méthode nous aide à obtenir de meilleurs résultats. Elle est faite d'éléments contribuant à l'efficacité maximum des individus et des groupes.

La première personne avec laquelle il faut entretenir de bonnes relations est soi-même et le management de ses propres ressources est une condition indispensable à une bonne intégration dans un groupe de travail. Cependant, notre efficacité en tant qu'individu dépend énormément de la manière dont nous organisons nos relations dans et en dehors du travail. Les avantages de la méthode du T.O.P. management seront d'autant plus grands que l'ensemble du groupe en bénéficie.

Le développement personnel ne prend son sens et son ampleur que s'il est accompagné d'un développement collectif.

Intégrée au management, cette méthode procure rapidement une amélioration de la rentabilité de l'entreprise.

Focalisation

Ce qui fait en grande partie le succès de ceux qui réussissent est qu'ils se concentrent sur ce qu'ils ont envie d'obtenir. C'est le fameux "focus" anglo-saxon qui est souvent utilisé dans le langage français des affaires, et que l'on peut traduire par "se focaliser".

Prenons l'exemple de la vente car nous sommes tous souvent en train de vendre quelque chose à quelqu'un. Vous savez que la ténacité est payante. Si vous concentrez votre puissance de conviction sur les quelques gros "contrats" que vous souhaitez remporter au lieu de la saupoudrer sur toutes les opportunités qui se présentent, vous augmentez considérablement vos chances de réussite. Le "client" a besoin d'avoir confiance dans vos capacités à lui fournir un bon "produit" et un bon "service". Cela est d'autant plus vrai si la part du service dans votre prestation est importante. Pour qu'il vous achète vos "produits", sa confiance en vous doit être au moins aussi grande que celle qu'il a dans son fournisseur actuel. Vous devez l'enrôler pour qu'il ait envie de vous suivre. Changer de fournisseur représente un risque pour lui. Il ne vous connaît pas ou peu et si vous ne le relancez qu'une fois par mois, vous risquez de devoir attendre longtemps avant de recevoir la première commande. En revanche, si vous le poursuivez adroitement de vos assiduités "commerciales", sa manière de vous considérer changera progressivement et le simple fait que vous persistiez lui donnera confiance dans votre capacité et votre détermination à lui vendre une prestation de qualité. Relancer un "acheteur" qui ne veut pas faire affaire avec vous demande une certaine habileté pour être suffisamment insistant sans aller jusqu'au harcèlement. La persistance courtoise est toujours payante et vous ne serez persistant face aux rebuffades de votre prospect que si vous avez clairement identifié cette démarche comme objectif prioritaire.

Il en va de tous les types de relations comme de celle-ci. Les enfants le savent bien qui relancent leurs parents toutes les 2 minutes quand ils souhaitent obtenir un cadeau ou une permission. Sans le préméditer, ils se focalisent sur leur objectif de manière totale en faisant abstraction du reste, et ils le font de manière très insistante car ils savent consacrer au sujet toute leur attention et leur énergie, comme si leur vie en dépendait. Pourquoi croyez-vous que tant de parents finissent par accéder à leurs demandes, même après avoir dit non plusieurs fois ? Leur méthode n'est pas recommandée pour tous les types de "vente" mais au niveau de la ténacité, ils sont exemplaires. Si vous avez des enfants ou si vous avez déjà vu comment un enfant peut persévérer jusqu'à l'extrême, inspirez-vous de leur ténacité en y ajoutant l'habileté de l'adulte.

Le principe est le même en ce qui concerne ce que vous voulez obtenir de vous-même. Ce n'est qu'en vous le rappelant suffisamment souvent que vous l'obtiendrez. Pour de multiples raisons, il y a une partie de nous-même qui n'a pas envie de se focaliser sur cet objectif et qui nous encourage à entamer de multiples tâches en même temps. La tentation est forte, car la crainte liée à la focalisation totale est de tout perdre si cet objectif ne peut être atteint. Il est très difficile de ne pas prendre une affaire, même si elle nous distrait de notre objectif principal et même si elle n'est pas suffisamment rentable. La crainte de ne pas saisir une opportunité qui pourrait nous sauver la mise, si notre projet principal ne parvient pas à son terme, nous fait gaspiller temps et énergie à mettre en œuvre des plans "B" sans intérêt. Et souvent, ce sont ces solutions de rechange qui font échouer les bonnes stratégies.

La définition des objectifs

Pour se focaliser sur ce que l'on veut obtenir, il faut pouvoir définir cet objectif. Les leaders, les créateurs de mouvements et d'entreprises ont tous une vision, cet objectif à long terme qu'ils gardent à l'esprit en permanence et qui les porte et les aide à motiver les autres contre vents et marées.

Il est possible de construire une carrière en passant à côté de son objectif prioritaire personnel, faute d'avoir pu l'identifier. Des objectifs secondaires peuvent alors nous porter d'une réalisation à l'autre dans un mélange de recherche de satisfactions et d'évitement de la douleur.

"Je ne sais pas vraiment ce que je veux faire, mais j'ai envie d'avoir de l'argent et suffisamment de liberté" est peut-être quelque chose que vous avez entendu de la part d'un proche. Cela traduit une absence de vision identifiée, compensée par la recherche de satisfactions secondaires. Cela peut être traduit par : "Je n'ai pas de grand projet, mais je veux vivre à l'aise avec le moins de contraintes possibles".

Il n'y a pas d'attitudes meilleures que d'autres et juger les objectifs d'une personne n'est pas utile. Cependant, du point de vue de la stricte efficacité, il est beaucoup plus motivant d'avoir un grand projet porteur et fédérateur que le désir "d'aménager" son existence.

Je n'ai pas de statistique sur la question, mais il me semble que nous sommes nombreux à ne pas avoir ou ne pas avoir eu jusqu'à un âge avancé, de grand projet.

Il me paraît très utile de faire un travail personnel sur ce thème à tout âge. Cette recherche n'est pas le sujet de ce livre, aussi me contenterai-je d'évoquer l'utilité pour chacun de définir son projet personnel sans entrer dans le détail des moyens que l'on peut mettre en œuvre pour y parvenir.

Notre Grand Objectif Personnel est en nous, mais des murs ont été élevés depuis notre naissance qui nous le cache. Il est tout près à vol d'oiseau, il nous faut juste trouver nos ailes.

Le dirigeant est responsable de fournir la vision de l'entreprise. C'est lui qui doit la définir, la communiquer et s'assurer que la totalité de l'entreprise est organisée pour la transformer en réalité. C'est pour cela qu'il est responsable de la Direction.

La cascade des objectifs

Chacun à son poste doit avoir des objectifs qui vont dans le sens de l'objectif principal de l'entreprise pour que tous contribuent à l'atteindre. Chaque salarié se met d'accord avec son manager sur sa mission et fait de même avec les membres de son équipe. Et ainsi de suite à tous les échelons de l'entreprise.

C'est cette cascade partant du dirigeant qui assure que l'ensemble de l'entreprise se focalise sur le même but à atteindre et c'est ce qui rend le groupe efficace en tant que groupe. Toute personne qui n'a pas conscience de la manière dont elle doit participer à la progression de l'entreprise vers son but ne peut pas avoir le niveau d'efficacité optimum.

C'est aussi ce travail qui justifie l'existence d'une hiérarchie. Un organigramme n'est pas un moyen de distribuer le pouvoir mais une méthode d'attribution des devoirs et responsabilités.

Plus la vision du chef d'entreprise au sommet de la pyramide sera détaillée et riche et mieux elle sera communiquée, plus il sera possible aux managers de travailler sur des objectifs qui seront en harmonie avec celle-ci.

L'entreprise sera donc plus efficace parce que tous pousseront dans la même direction et parce que chacun sera motivé par le sentiment d'être un élément important d'un mouvement d'ensemble puissant.

En effet, il n'y a rien de plus démotivant que penser que son travail n'a que peu d'effet sur la marche et les résultats de l'entreprise. La sensation d'avoir une rame pour faire avancer un paquebot est plutôt désolante. En revanche, connaître sa mission, son rôle dans le plan d'ensemble, savoir où le bateau se dirige, pourquoi, comment il fonctionne, avoir conscience que l'on ne fait pas avancer l'embarcation seul mais qu'être synchronisé avec le reste de l'équipe est essentiel au bon fonctionnement du bâtiment et connaître à tout moment la position du bateau par rapport à sa destination et ses concurrents, voilà un ensemble d'informations qui motivent. Evidemment, il vaut mieux éviter d'être sur une galère… .

Mais à quoi je sers moi ici ??!

Dans cette perspective, la responsabilité du manager est primordiale. Il doit parfaitement connaître la vision du dirigeant, y adhérer et la communiquer à son équipe. Il doit concevoir un plan pour répondre aux attentes de son manager et motiver son équipe sur la réalisation de ce plan. Il doit aider les membres de son équipe à concevoir leur propre plan, définir leurs propres objectifs et motiver leurs équipes pour les atteindre.

Les objectifs de l'entreprise

Quand on est dans une entreprise qui communique sur ses priorités, il est assez aisé de déterminer ses propres objectifs en utilisant le cadre fixé par la direction, surtout si l'objectif principal de l'entreprise est correctement détaillé.

Si un fabricant de mobilier de cuisine se contente de dire aux directeurs commercial, financier et de fabrication qu'il souhaite augmenter son chiffre d'affaires de 10% sur le prochain exercice ou, pire encore, s'il annonce entre deux portes qu'il veut devenir le leader, cela donne peu d'indications aux salariés et ne les motive pas beaucoup.

En revanche, si le directeur de cette entreprise explique qu'il souhaite arriver à faire les choses suivantes :
- Passer de 10 à 35% de part de marché en France en 5 ans
- Maintenir le niveau des prix en relevant la qualité des prestations

- Capturer 50% des affaires de plus de € 20 000
- Maintenir un contact étroit avec les clients équipés pour bénéficier de leurs recommandations pour d'autres affaires
- Grandir avec les salariés actuels en favorisant la promotion interne autant que possible

Voilà des éléments de réflexion pour aider l'ensemble des managers à définir leurs objectifs.

- Le financier a une idée des ressources qu'il doit prévoir
- Le marketing peut imaginer le genre de produits à créer et de communication publicitaire à concevoir.
- Le commercial a une idée de la progression qu'il doit chercher, du type de prospection à mettre en place et de vente à conclure et du genre de relationnel qu'il doit entretenir avec les clients.
- Le fabricant sait qu'il doit sortir des produits irréprochables au meilleur coût, mais que le contrôle des coûts ne doit pas se faire au détriment de la qualité.
- Les ressources humaines savent quel type de management elles doivent favoriser et quel type de recrutement organiser.

Chaque manager n'a plus qu'à concevoir un plan pour atteindre ces objectifs et à motiver son équipe sur ceux-ci.

Si le chef d'entreprise ou de division ou de groupe ne communique pas ses objectifs en détail et se contente d'annoncer un chiffre, il ne donne pas à ses managers la direction dans laquelle ils doivent travailler. De ce fait, la probabilité est forte que ces derniers choisissent des stratégies différentes, voire opposées.

Quelques exemples de divergences fatales à l'entreprise :

- Le directeur commercial choisit de vendre en plus grandes quantités à des prix plus bas sans que l'outil de fabrication et de distribution soit dimensionné en conséquence et sans que les approvisionnements correspondent.

- Le directeur des achats verse des primes pour encourager la réduction des stocks qui se traduit par une insuffisance de produits à livrer.

- Le directeur commercial verse des primes à l'ouverture de nouveaux comptes clients qui se fait au détriment du suivi des clients existants.

Il est aussi fortement probable qu'en l'absence d'objectifs détaillés pour l'entreprise et correctement communiqués, certains managers n'aient aucune stratégie et pas d'objectifs à court et moyen terme.

Enfin, faute d'encourager chacun à progresser en cherchant à atteindre son objectif dans le cadre d'un plan global auquel il se sent rattaché, le niveau de motivation risque fort de rester très bas.

Le dirigeant doit donc savoir précisément ce à quoi il veut arriver et le communiquer correctement. Définir l'objectif principal de l'entreprise et vérifier chaque jour que tout ce qui est fait contribue à l'en rapprocher est ce que fait plus ou moins consciemment le créateur de l'entreprise.

S'assurer que l'ensemble des salariés fonctionne de la même manière est ce qui garantit son succès.

Le devoir du manager est d'atteindre ses objectifs en aidant les membres de son équipe à donner le meilleur d'eux-mêmes dans le cadre de leur mission.

Dans les petites structures, tout est plus simple. Le créateur ou le dirigeant fixe ses objectifs et les réalise en partie lui-même. Chemin faisant et sans pratiquement jamais organiser de réunions, il communique suffisamment d'informations et de directives à son équipe pour que celle-ci l'aide à atteindre les objectifs qu'il a fixés. Le besoin de formaliser le travail en équipe par des procédés contraignants est quasi inexistant.

Plus l'entreprise grossit, plus il est difficile de communiquer de manière informelle. Certains salariés ne côtoient que très peu ceux qui prennent les décisions et pourtant le dirigeant doit s'assurer que tous travaillent à atteindre les objectifs qu'il a fixés et que tous ont la motivation maximum pour y parvenir. Il doit créer les conditions idéales de travail pour favoriser l'autonomie efficace et non pas l'isolement.

*J'ai un objectif, je ne vous le communique pas,
mais je vous demande de l'atteindre !*

J'ai un objectif, je vous le communique, mais je vous demande de l'atteindre !

J'ai un objectif, je vous le communique en détail et je vous demande comment vous pouvez l'atteindre

Les échéances

Chaque objectif doit être assorti d'une date à laquelle il doit être atteint. L'objectif donne la direction, la date donne la vitesse. Connaître le but n'est pas très utile si l'échéance est tellement éloignée que l'on ne ressent pas le besoin de se mettre en marche. Avoir un objectif totalement irréalisable dans le temps que l'on se donne pour l'atteindre n'est pas très motivant non plus.

Les objectifs doivent être fixés chronologiquement, c'est à dire qu'ils doivent avoir une échéance et un enchaînement logique. Si je décide d'avoir une filiale aux Etats-Unis dans 5 ans, je dois commencer par créer la maison mère.

D'une manière pratique, il est indispensable de mettre par écrit l'objectif qui a le terme le plus éloigné, et ensuite de faire la liste des objectifs intermédiaires et des échéances qui permettront d'arriver au but final. Chaque objectif intermédiaire doit aussi avoir une liste d'objectifs et d'échéances qui permettront de l'atteindre.

Le suivi des objectifs

Une fois que les objectifs sont fixés, il faut s'assurer que tout ce qui est fait concourt à les faire atteindre. C'est la partie la plus difficile mais aussi celle qui rend la démarche efficace. Tout le monde sait qu'il ne sert à rien de faire des listes d'objectifs si elles ne sont pas suivies d'effets. En revanche, utiliser une méthode qui permet de garantir le suivi des objectifs par soi-même et par l'ensemble des membres d'une entreprise, est redoutablement efficace. La méthode que nous proposons dans le cadre du TOP est celle que nous résumons par les 4 mots suivants : Constat Question Réflexion Décision (C.Q.R.D.).

Il ne s'agit pas de mesures qui permettent de savoir si l'on a atteint les objectifs. Il s'agit d'une méthode qui permet de s'assurer que chacun juge à tout moment la pertinence de son action par rapport à ses objectifs.

Constat

En plus de consulter la liste des tâches à accomplir pour atteindre le prochain objectif, il s'agit de porter son attention sur l'existant afin de déterminer si chaque élément contribue à me rapprocher de mes objectifs et à rapprocher l'entreprise de ses buts.

Pour pouvoir procéder à cette analyse, il faut d'abord faire le constat de ce qui se passe, il faut prendre conscience de l'existant. C'est une phase difficile car elle demande de la lucidité, de l'honnêteté et une bonne capacité à se remettre en question. Bien des erreurs de stratégie et quantités de mauvaises décisions ont pour origine des constats mal faits.

Les constats doivent porter sur tout :

- Le temps passé à chaque tâche
- L'attention portée aux différentes gammes de produits

- Les ressources disponibles pour chacun
- La qualité du service aux clients
- Le mode de communication
- Les rapports entre les managers et leurs équipes
- Etc.…

Question

Pour pratiquer le Traitement des Objectifs Prioritaires, il faut sans cesse, face à chaque action, chaque pensée, chaque comportement, chaque communication, chaque événement, chaque décision se demander si l'on s'éloigne ou si l'on se rapproche de son objectif.

Dans le feu de l'action ou, parce que l'on a en tête un trop grand nombre de paramètres, il est parfois difficile de conclure sur un sujet et de prendre une décision.

Le seul moyen d'être certain que l'on choisit la meilleure option est de répondre clairement à cette double question :

- Quel est mon objectif ?
- Qu'est-ce qui m'en rapprochera le plus ?

C'est cette double interrogation qui nourrit de la manière la plus efficace notre réflexion.

Réflexion

La réflexion qui suit est très importante car c'est elle qui donnera toute sa force au T.O.P.

Tout ayant un impact sur l'efficacité de l'entreprise, nous utilisons le terme "pratique pour désigner les actes, les actions, les pensées, les comportements, les communications.

Si une pratique est jugée favorable à l'atteinte des objectifs (rapprochante), il faut se demander comment on peut intensifier cette pratique pour avancer plus vite et mieux vers le but.

Si nous jugeons qu'une pratique éloigne de l'objectif (éloignante), nous devons réfléchir à la manière de la transformer ou de la remplacer par une autre qui nous en rapprochera.

Si l'on ne peut classer une pratique dans l'une ou l'autre des deux premières catégories, c'est qu'elle ne rapproche pas et dans ce cas il y a fort à parier qu'il existe une pratique de substitution qui elle, sera "rapprochante".

Décision

Une fois la réflexion terminée, il faut prendre une décision qui améliorera la capacité de l'individu ou de l'entreprise à atteindre ses objectifs. Il s'agira de choisir le mode d'intensification d'une pratique "rapprochante" ou le mode de changement d'une pratique "éloignante". C'est l'aptitude à aller jusqu'au bout de la démarche C.Q.R.D. qui va permettre de mettre toutes les ressources de la personne et de l'entreprise au service de leurs objectifs. Si elle est pratiquée suffisamment longtemps, elle deviendra un mode de vie et la totalité de nos comportements nous aidera à tendre vers nos buts. C'est une excellente méthode pour devenir ce que sont les grands leaders qui sans l'avoir jamais appris, investissent toute leur existence au service de la cause qu'ils ont choisie.

Il n'est pas nécessaire d'avoir un seul objectif pour que cette méthode vous aide à accomplir votre projet. Il faut cependant vérifier que les différents buts que vous vous êtes fixés consciemment ou non, ne sont pas contradictoires.

Il faut également vous assurer que vos objectifs ne sont pas en conflit avec les objectifs de l'entreprise dans laquelle vous travaillez.

Chaque jour, nous avons à prendre des décisions plus ou moins importantes. Le réflexe C.Q.R.D. permet d'orienter tous nos choix dans le même sens. Sans cette focalisation systématique, l'influence de paramètres divers nous amène à faire des choix successifs contradictoires qui peuvent nous faire faire du sur-place.

Les entreprises doivent être tournées vers leurs clients, mais en principe, ce ne sont pas les clients qui font la stratégie de leurs fournisseurs. Si les responsables n'ont pas une idée précise de ce qu'ils veulent faire dans leur marché, en d'autres termes, s'ils n'ont pas une stratégie définie clairement, ils ont tendance à répondre systématiquement aux demandes de leurs clients, même si celles-ci provoquent une certaine désorganisation et une perte d'efficacité.

Il peut paraître inutile de se poser la question de l'adéquation de chaque décision avec nos objectifs. Certaines peuvent paraître en effet suffisamment peu importantes pour ne pas avoir à les passer au détecteur C.Q.R.D.

Or, beaucoup de décisions qui n'ajoutent rien ni ne retranchent rien, (ni rapprochantes, ni éloignantes), peuvent générer un gaspillage de temps pour une ou plusieurs personnes, et ce temps vient en déduction du temps disponible pour atteindre les objectifs fixés aux dates prévues. Bien qu'apparemment neutres, elles ont un impact négatif.

L'exemple des e-mails est assez explicite. Si l'on met en copie d'un e-mail 5 personnes qui ne sont pas concernées, et si cet e-mail est lu en 10 minutes, on risque de faire perdre 50 minutes de travail à l'entreprise. Bien sûr la communication est importante et il vaut mieux en savoir trop que pas assez, mais comme en toutes choses, une mesure juste est souhaitable.

Avant de mettre quelqu'un en copie, il est utile de se poser la question de savoir si cela rapproche le destinataire, soi-même et l'entreprise des objectifs. Beaucoup d'entreprises sont arrivées à un niveau d'utilisation de la messagerie électronique qui engendre d'énormes pertes de temps et d'efficacité. Ces entreprises doivent faire le Constat de ce problème, remettre en Question l'utilisation libre des e-mails qui est devenue un facteur d'inefficacité, Réfléchir aux différentes manières de revenir à une pratique efficace et Décider d'une charte d'utilisation de la messagerie électronique afin de bénéficier de ses avantages en limitant les dérives.

Le T.O.P. permet de mobiliser tous les individus d'une entreprise et toutes leurs ressources vers un but commun. Afin que le potentiel d'une équipe soit supérieur ou égal à la somme des potentiels des individus qui la composent, il faut que le groupe place très haut dans la liste de ses priorités l'excellence du travail en équipe.

En effet, se fixer des objectifs communs et les traiter selon le modèle du T.O.P. permet de s'assurer que l'ensemble des salariés de l'entreprise est organisé pour œuvrer dans la même direction. Au-delà de ce pas décisif et indispensable, tant il ouvre la voix vers plus d'efficacité et de rentabilité, il faut tout faire pour desserrer les freins qui subsistent principalement du fait des difficultés que nous expérimentons dans nos relations avec les autres.

L'utilisation de cette méthode en entreprise dépend de la décision des dirigeants de la mettre en place et de créer le mouvement initial. Le succès de la méthode dépend de la volonté de chacun de tout faire pour améliorer ses relations avec les autres membres de l'entreprise.

Chaque jour, nous reproduisons des gestes, des actes, des procédés, sans toujours réfléchir à leur pertinence. Il est bon, de temps en temps de remettre en question, par rapport à nos objectifs, ce que nous faisons et pensons automatiquement. Une grande partie de nos agissements sont sous-tendus par des intentions inconscientes. Ce sont ces réactions spontanées que l'on explique mal et dont on dit : "c'est ma nature", ou encore : "je suis comme cela et ne puis changer". Si nous affirmons ceci, c'est parce que précisément, nous n'avons pas conscience des forces qui nous animent et qui ont un grand pouvoir sur notre vie, parce qu'elles sont inconscientes.

La méthode C.Q.R.D. ne prétend pas résoudre tous types de problèmes, cependant, son utilisation régulière appliquée à tous les compartiments de l'existence, permet de remettre en question des choses tenues pour immuables et de tordre le cou à quelques idées reçues.

Cette méthode est peut-être une version moderne du "fou du roi" que l'on pourrait appeler le "chasseur d'à priori". Tel le fou qui avait l'autorisation implicite de mettre en évidence les exagérations, les disfonctionnements, les inepties à la cour de sa Majesté, le chasseur traque les "a priori" dans l'entreprise ou dans sa vie privée. Il passe au crible du constat systématique, tous les procédés, tous les comportements, toutes les idées, toutes les communications, afin d'en vérifier la pertinence par rapport à ses objectifs.

Voyons quelques exemples de comportements que nous analyserons à la lumière du C.Q.R.D., afin de déterminer en quoi ils peuvent être "rapprochants" ou "éloignants" selon les objectifs retenus et comment ils peuvent être modifiés.

Voici tout d'abord un exemple simplifié à l'extrême pour montrer comment le C.Q.R.D. s'articule :
Constat : je me mets en colère à chaque fois que quelqu'un ne fait pas son travail correctement et je ne peux pas m'en empêcher.
Question : Est-ce que mon attitude me rapproche de mon objectif qui est que mon équipe fonctionne de mieux en mieux et de façon de plus en plus autonome ?
Réflexion : Quand je me mets en colère, j'obtiens l'obéissance, mais mes collaborateurs perdent leurs moyens et m'en veulent. Ils sont moins motivés et

n'apprennent pas à mieux travailler en autonomie. Moi-même, je suis de mauvaise humeur et je fonctionne moins bien. Je me rends compte que toutes les personnes impliquées ont une perte d'efficacité et mon comportement m'éloigne donc de mon objectif. Pour y remédier, il faudrait que je reste calme tout en faisant ce qu'il faut pour que la personne qui fait mal son travail comprenne ce que j'attends d'elle.

Décision : Je vais trouver un moyen de baisser mon niveau de stress afin de ne plus me laisser emporter par mes réactions, et je vais prendre du temps, pendant les 6 mois à venir, pour mettre au point avec chaque collaborateur une nouvelle méthode de travail afin de modifier mon rôle et notre mode de communication.

En résumé, je Constate la manière dont je fonctionne, je me Questionne sur l'efficacité de ce mode de fonctionnement par rapport à mes objectifs, je Réfléchis aux inconvénients et aux moyens de les supprimer, et enfin, je Décide d'adopter un nouveau mode de fonctionnement.

Entraînez-vous à la méthode en utilisant plusieurs de vos comportements dans ou en dehors du travail :

C : J'entasse mes papiers sur mon bureau sans prendre le temps de les ranger

Q : Je passe régulièrement plusieurs minutes à chercher le document dont j'ai besoin, ce qui me fait perdre du temps et de l'énergie. Cela est à l'opposé de mon objectif d'efficacité car j'ai énormément de tâches à accomplir chaque jour.

R : Je pourrais ranger moi-même au fur et à mesure ou demander l'aide de mon assistant(e) pour organiser mon classement.

D : Comme il faut que les dossiers soient accessibles facilement lorsque je ne suis pas au bureau, mon assistant(e) et moi nous mettons d'accord pour qu'il(elle) prenne ce travail en charge.

C : En souvenir d'une époque où la technologie n'était pas ce qu'elle est aujourd'hui, je parle très fort au téléphone. Je ne m'en étais pas rendu compte, mais certains interlocuteurs me forcent à faire ce constat un peu gênant.

Q : Sans me laisser le temps de me questionner sur les inconvénients d'un tel comportement, ils me disent que cela leur est très désagréable. Cela m'éloigne donc de mon objectif qui est d'obtenir l'écoute attentive et bienveillante des personnes à qui je parle.

R : En guise de réflexion, je fais des tests en parlant de moins en moins fort. Je me rends compte au comportement de mes interlocuteurs que ma voix est parfaitement audible. De plus, je suis plus détendu et plus souriant, ce qui a pour effet d'être mieux écouté.

D : Je décide donc de continuer le traitement.

C : Je fais souvent plusieurs choses à la fois, ce qui m'amène régulièrement à me demander si je n'ai pas mal fait l'une d'elle. Par exemple, je pense au rendez-vous auquel je me rends alors que je quitte mon domicile. Résultat, je retraverse fréquemment la rue pour vérifier si j'ai bien fermé à clé la porte de la maison.

Q : Faire et penser à plusieurs choses en même temps est ma manière de faire face aux multiples responsabilités de ma charge. Est-ce un bon moyen d'atteindre mes objectifs ? A l'évidence, c'est surtout un excellent moyen d'accroître le stress lié à l'inquiétude de ne pas tout faire correctement. L'excès de stress me rendant moins performant, cela m'éloigne de mon objectif d'efficacité.

R : Une solution facile serait de moins travailler, mais je ne souhaite pas renoncer à mes responsabilités. L'autre solution est de calmer le mental, afin d'être dans le présent et d'exécuter chaque tâche en conscience. Cela me permettrait d'accomplir autant de choses, mais de verrouiller chacune d'elle avant de passer, l'esprit tranquille, à la suivante.

D : Je décide donc de commencer à apprendre certaines techniques de relaxation et à m'entraîner à l'exécution consciente d'une tâche à la fois.

Vous pouvez faire cet exercice à propos de tous vos comportements afin de détecter ceux qui vous rendent la vie plus difficile qu'elle ne devrait l'être et afin d'imaginer comment vous pourriez les modifier. Ce n'est pas toujours facile, et il est intéressant de se faire aider par un coach formé au T.O.P. .

Voici quelques pistes de réflexion, quelques comportements qui se retrouvent fréquemment :
- Hausser le ton quand quelqu'un nous contredit
- Juger hâtivement nos interlocuteurs
- Répondre à une question sans l'avoir vraiment comprise.

Je m'arrête deux minutes sur ce petit travers qui fut magnifiquement révélé par une caméra cachée.

L'interviewer posait des questions et au milieu de ses phrases il prononçait des mots totalement incompréhensibles. La phrase ne voulait plus rien dire, mais à chaque fois, l'invité utilisait les quelques mots audibles pour donner lui-même un sens à la question. L'effet était très comique mais au-delà du rire, il était très intéressant de constater à quel point nous sommes prêts à répondre à des questions en leur donnant un sens différent de celui donné par le questionneur.

Amener son entreprise au T.O.P.

Définir l'Objectif à Long Terme	En faisant participer les salariés En étant le plus concret possible En réactualisant cet objectif chaque année
Faire connaître l'O.L.T.	En mettant l'O.L.T. au centre de la communication de l'entreprise
Focaliser les salariés sur l'O.L.T.	En demandant à chacun via la hiérarchie, de fixer ses propres objectifs de manière à aider l'entreprise à atteindre son O.L.T.
Définir les Objectifs à Court Terme	En demandant à chacun de fixer ses objectifs à rebours pour atteindre l'O.L.T. Objectifs à 5, 2, 1 an, 6 mois, 1 mois.
Prévoir la mesure des résultats	En se mettant d'accord sur la manière d'apprécier les résultats par rapport aux objectifs
Organiser le retour d'information	A chaque échéance, un point est fait pour constater l'avancement, rectifier le tir et motiver les troupes
Transformer les objectifs en obsession	En vérifiant si chaque comportement, évènement, décision... rapproche ou éloigne des objectifs.

Utiliser le C.Q.R.D pour maximiser les ressources

C	Constater toutes les procédures, tous les comportements, toutes les décisions, tous les modes de communication ... afin de bien comprendre comment la société fonctionne.
Q	A la suite de chaque constat, se poser la Question de savoir si la procédure, le comportement, la décision, le mode de communication... rapprochent l'entreprise de ses objectifs ou l'en éloignent.
R	Réfléchir aux possibilités de modifier la procédure, le comportement, la décision, le mode de communication... afin qu'ils soient plus efficaces par rapport aux objectifs à atteindre. Simuler les changements, estimer les gains de productivité, d'efficacité...
D	Décider des modifications et les mettre en oeuvre

Les différents cas qui suivent ont été imaginés à partir d'expériences vécues et largement réarrangées.

Maximiser les talents

Ce qui est nouveau, quand on devient manager, c'est qu'il faut faire faire à d'autres ce que l'on a l'habitude de faire soi-même. Or "faire" et "faire faire" sont deux choses très différentes. Il vaut mieux savoir "faire" soi-même pour "faire faire", mais souvent, cela n'est pas suffisant.

La première étape est de montrer ou d'expliquer à son équipier comment il doit procéder pour accomplir sa tâche correctement. Si celui-ci est doué, cela suffira et le rôle du manager est alors simple. Mais que se passe-t-il si l'équipier ne parvient qu'à des résultats moyens, voire insuffisants ?

Constat : Absence de soutien et mésentente

Stéphane dirigeait la filiale française d'un fabricant italien qu'il avait créée 10 ans auparavant. Avec 300 personnes et €250 millions de chiffre d'affaires, cette filiale avait de bons résultats qui donnaient satisfaction à Maximo, le directeur de la maison mère. La notoriété de la société croissait régulièrement en France et l'indice de satisfaction des clients était élevé.

Le seul point sur lequel le contrôle de gestion de la maison mère interrogeait Stéphane était la rotation du personnel assez forte et particulièrement chez les cadres.

Maximo qui constatait que cette filiale avait de ce point de vue des résultats très différents de ceux des autres filiales, décida de rencontrer quelques cadres français pour mieux comprendre.

Au fil des conversations adroitement menées pour ne pas mettre en doute la confiance que le groupe avait dans son directeur français, le dirigeant italien comprit que Stéphane attendait de ses équipiers qu'ils sachent accomplir leur mission sans qu'il soit nécessaire de les aider, ni même souvent d'en discuter. Du fait de cette attente, les insuffisances de ses équipiers lui paraissaient anormales (en dehors de la norme exigeante qu'il avait établie pour lui-même et pour les autres) et provoquaient chez lui une grande frustration.

Pourquoi un tel comportement de la part d'un manager? Probablement parce que diriger, transmettre un savoir-faire, s'apprend et on néglige souvent de l'enseigner. Le manager est alors plus tourné vers la tâche à accomplir que vers ses équipiers et plus prompt à reprocher les manques qu'à souligner ce qui est bien fait.

Ses cadres qui ne recevaient que des instructions incomplètes et qui se sentaient plus jugés qu'aidés, éprouvaient un sentiment d'insécurité en face de leur patron. Certains avaient tendance à l'estimer incompétent puisque incapable d'expliquer ses décisions ou ses attentes, alors que les résultats de la filiale indiquaient clairement que l'entreprise réussissait. A force d'accumuler les frustrations, Stéphane exprimait parfois son mécontentement de manière agressive, ce qui créait chez ses collaborateurs un stress négatif important et avait pour effet de réduire fortement leur motivation et donc leur efficacité.

Maximo était donc en présence d'individus qui étaient censés collaborer en bonne intelligence à l'accomplissement de tâches visant à rapprocher la société de ses objectifs, et qui en fait, avaient des relations inamicales. De plus, tous estimaient avoir entièrement raison de penser ce qu'ils pensaient et d'agir comme ils le faisaient. Stéphane et ses collaborateurs se renvoyaient la responsabilité de la mauvaise entente et chacun campait sur ses positions sans jamais discuter du problème.

Il est vrai que les cadres doivent être capables de faire leur travail de manière autonome et en cela, Stéphane avait raison. Il est vrai aussi, que le directeur doit être capable d'aider les membres de son équipe à donner le meilleur d'eux-mêmes dans le cadre de leur mission, et en cela, les cadres avaient raison.

Maximo constata qu'il y avait de ce point de vue un blocage qui devait être levé pour que les résultats de sa filiale française soient encore meilleurs.

Question : Degré d'efficacité

Est-ce que l'attitude de Stéphane était un élément "rapprochant" ou "éloignant", par rapport à l'objectif de l'entreprise? Les dirigeants du groupe italien avaient des objectifs de part de marché et de rentabilité qui étaient discutés chaque année avec le dirigeant de chaque filiale. Chaque année également, le plan à 5 ans du groupe était réactualisé pour qu'il constitue en permanence un but ambitieux, motivant et accessible pour l'ensemble du groupe. Au-delà des chiffres, le désir du fondateur du groupe italien était d'utiliser la puissance créatrice de ses entreprises pour apporter aux clients et aux salariés un niveau de satisfaction et de bien-être sans cesse croissant.

Intuitivement, on sait bien que l'absence d'entente entre deux personnes d'une équipe affaiblit le potentiel de cette équipe et a des effets négatifs sur ses performances. Une des raisons pour lesquelles ce problème est moins bien résolu que d'autres est que, à moins qu'elle n'éclate violemment, le constat de la mésentente est difficile à faire (pour cela il faudrait s'entendre) et surtout, les conséquences sont difficiles à chiffrer.

Quand je réussis à convaincre un chef d'entreprise que la mésentente dans son équipe commerciale lui coûte 20% de chiffre d'affaires et 10% de rentabilité, celui-ci acquiert rapidement la motivation nécessaire pour investir son temps dans la recherche d'améliorations.

Souvent, le manager ne prend pas le temps d'aider ses équipiers, parce qu'il fait une grande partie du travail lui-même. Or, pour être efficace, le soutien aux membres de son équipe nécessite que l'on passe du temps à écouter, à questionner et réfléchir ensemble. Ecouter parce que cela permet à son équipier de faire le point et d'analyser son action et ses performances. Questionner parce que cela aide l'équipier à réfléchir et le leader de l'équipe à mieux comprendre le comportement de son collaborateur face à cette situation. Réfléchir parce que cela permet de s'accorder sur des objectifs et donc de mesurer à chaque étape le progrès ou l'absence de progrès.

En effet, le manager doit aider, mais il doit aussi

choisir avec ses équipiers les instruments de mesure qui lui permettront de juger les résultats d'une manière acceptée par les équipiers. L'accord sur les buts à atteindre permet "d'objectiviser" le travail, si vous me permettez ce néologisme, et donc d'être également d'accord sur son appréciation.

S'il est bon que le manager se place systématiquement en position d'aider ses équipiers, il doit aussi avoir les moyens objectifs d'orienter de manière juste vers une autre mission un membre de l'équipe qui n'atteindrait pas le niveau de performance requis.

Si le manager ne fait pas ce travail de soutien parce qu'il est lui-même trop occupé par son travail personnel, il est possible que les performances de ses équipiers stagnent à un niveau trop bas. Cela peut être dû au manque de focalisation sur les priorités, à la dispersion, à des conflits entre équipiers non résolus, à une nervosité trop grande face au comportement agressif du manager etc...

L'implication du manager nécessaire au soutien des membres de son équipe varie, bien entendu, en fonction du degré d'autonomie de cette équipe. Mais pour être sûr que l'autonomie est suffisante, le manager efficace aura pris le temps d'accompagner ses équipiers suffisamment longtemps pour s'en être assuré et il consacrera toujours une partie de son temps à vérifier que les performances sont maintenues à un niveau élevé.

Si les équipiers sont très autonomes, parce que le type de travail et leurs compétences le permettent, les conséquences d'un management "distant" seront moindres. Néanmoins, pour qu'une équipe fonctionne au maximum de ses capacités et pour que le potentiel de cette équipe soit au moins égal à la somme des potentiels de ses membres, il faut qu'un leader la motive en tant qu'équipe et veille à la résolution des problèmes inhérents à tout fonctionnement en groupe.

Si les membres de l'équipe sont peu autonomes, la nécessité d'aider les individus et le groupe est encore plus grande.

Le manager qui ne soutient pas une équipe peu autonome prend le risque de ne pas atteindre ses objectifs alors même qu'il est peut-être en train de travailler 60 heures par semaine pour compenser le manque de résultat de ses équipiers. Il se met dans la situation insoutenable de travailler jusqu'à l'épuisement sans atteindre les résultats escomptés.

Certains postes de direction sont par définition confiés à des personnes à forte autonomie. Si ces personnes peuvent fonctionner avec très peu de soutien, elles ont néanmoins besoin d'information. Le manager doit donc passer du temps, non pas à "faire faire", mais à veiller à ce que l'information, source de puissance, soit donnée à ceux qui en ont besoin.

Sur la question de la forte rotation des effectifs dans la filiale française, Maximo se rend compte que Stéphane a besoin d'un coup de main et il se fixe pour objectif de mener une réflexion avec lui afin de l'aider à trouver les solutions.

Réflexion : Le rôle du manager

Le rôle du manager est d'atteindre les objectifs de son groupe en aidant ses équipiers à donner le meilleur d'eux-mêmes dans le cadre de leur mission avec un niveau croissant d'autonomie. Le manager qui ne soutient pas son équipe a donc un comportement éloignant et doit réfléchir à la manière de modifier ce comportement pour qu'il devienne rapprochant. Le soutien que l'on peut être amené à apporter à ses équipiers est constitué à la fois de soutien et de contrôle.

Maximo connaît bien les ressorts psychologiques et se garde de donner son point de vue à Stéphane de manière trop directe. Ils se connaissent depuis 10 ans, même si Stéphane a toujours manifesté moins de curiosité à l'égard de Maximo que l'inverse. Il faut dire que Maximo est toujours sincèrement à l'écoute de ses collaborateurs qu'il considère avant tout comme des êtres humains et non des machines à produire les résultats escomptés. Après avoir discuté de quantités de sujets personnels, Maximo ouvre le volet professionnel de l'entretien en lui demandant pourquoi, selon lui, la durée moyenne du temps de travail d'un cadre supérieur est, dans la filiale française, 30% inférieure à celle de la filiale espagnole qui a la moyenne la plus faible après la France et 50% inférieure à celle de la maison mère.

Stéphane est un peu surpris par la question à laquelle il n'avait jamais vraiment réfléchi et très étonné par les pourcentages annoncés par Maximo. Un peu sur la défensive, il avance l'hypothèse d'une instabilité générale plus forte en France que dans les autres pays, ce que Maximo ne réfute pas, tout en lui demandant s'il pense que de tels écarts dans leur groupe reflètent une réalité pour l'ensemble des marchés. Ne pouvant pas répondre à cette question, Stéphane émet l'idée que les cadres supérieurs apprenant beaucoup dans l'entreprise, sont convoités par de nombreuses autres qui leur font des propositions très alléchantes. Maximo acquiesce mais demande alors pourquoi ce phénomène serait plus fort en France qu'ailleurs.

Maximo ne tient pas particulièrement à mettre ses collaborateurs en échec, aussi décide-t-il de ne plus questionner Stéphane sur le sujet ce jour-là, mais, en revanche, il lui demande de bien vouloir étudier le problème seul ou avec ses équipes et de lui en rendre compte dans 3 mois.

- Rappelez-vous quel est votre objectif, dit-il à Stéphane pour terminer.

Celui-ci lui répond qu'il est en passe de l'atteindre cette année une fois de plus.

- N'en parlons plus pour le moment, mais rappelez-vous, quel est votre objectif à plus long terme.

Maximo veut obliger Stéphane à accomplir un travail de réflexion sur le problème parce qu'il y attache une grande importance, mais il lui confie le soin de trouver lui-même les solutions et de commencer à les mettre en place, lui laissant le mérite de l'initiative.

Stéphane sort de cet entretien un peu agacé d'avoir été pris de cours alors que par ailleurs ses résultats sont excellents. Son patron lui a cependant indiqué un point sur lequel il y a une marge d'amélioration possible. Maximo, en bon manager, a fait un Constat objectif, lui a posé les bonnes Questions et s'en remet à lui pour mener à bien la Réflexion et prendre les bonnes Décisions.

Les cadres qui quittent la société expliquent rarement ce qui les a motivés à partir. Qu'est-ce qui les a poussés à chercher un poste dans une autre société ou qu'est-ce qui les a incités à répondre au chasseur de tête? La décision est prise, à quoi bon épiloguer?

Stéphane n'ayant jamais entretenu de rapports suffisamment étroits avec eux pour leur poser cette question "en toute franchise", il avait toujours pensé que les gens partaient, parce qu'ils n'avaient pas su trouver leur place dans la société.

Ne sachant pas trop comment commencer sa réflexion, il se décide à en parler à certains cadres. Mais à qui faire confiance? Et que peuvent-ils savoir qu'il ne sait pas?

Pour ne pas donner à cette conversation un ton trop officiel, Stéphane décide d'interroger le directeur financier pendant la pause déjeuner à la cafétéria.

- Dites-moi, Thomas, vous savez que les cadres de notre société restent en moyenne moitié moins longtemps qu'au siège à Milan?

- Je l'ignorais. D'où vient cette information?

- Maximo m'a signalé cela la semaine dernière. Quelle pourrait en être la cause d'après vous?

Embarrassé, Thomas n'ose pas répondre. Stéphane se fait pressant et Thomas se décide à parler un peu :

- Certains parmi ceux qui sont partis, disaient que la communication était insuffisante pour pouvoir faire un travail d'équipe sérieux.

- C'est idiot, j'ai toujours laissé mon bureau ouvert et il suffisait qu'ils viennent me voir. Qu'est-ce que vous en pensez, vous, Thomas?

- C'est vrai et en même temps, ce serait peut-être plus facile si l'on formalisait des réunions avec les différents directeurs de services pour faciliter les échanges.

- Mais chacun sait ce qu'il a à faire et vous pouvez travailler ensemble. Vous n'avez pas besoin de moi pour cela.

- Vous avez raison, mais quand même...

Stéphane était surpris, mais il constatait qu'on lui reprochait un manque de soutien.

Décision : Leadership et communication

Stéphane eut d'autres conversations avec d'autres directeurs et commençait à comprendre. Bien que timides, les critiques étaient les mêmes. Sans en référer à Maximo, il décida de réunir ses cadres une fois par mois en demandant à chacun de présenter les projets réalisés et ceux à venir. Il avait confirmation que ses cadres étaient compétents et solides mais se rendait compte qu'il n'avait pas rempli son rôle vis à vis d'eux pour favoriser le travail en équipe. Il comprit qu'il y avait une source de motivation supplémentaire et donc de croissance, dans le renforcement de l'esprit d'équipe au niveau des directeurs de division et qu'il lui incombait d'aller puiser plus de rentabilité à cette source.

Il n'avait pratiquement pas à intervenir pendant

ces réunions. Il lui suffisait la plupart du temps de poser des questions complémentaires et de signifier son approbation. Cela permettait au directeur approuvé d'être légitimé face à ses collègues et donc d'obtenir plus facilement leur totale collaboration. C'était en plus un fameux encouragement à poursuivre les efforts.

Quand il n'était pas convaincu par un exposé, il se contentait de poser des questions ou de demander un approfondissement. Le professionnalisme de ses collaborateurs faisait le reste.

Il envoya un message de félicitations à Maximo 2 semaines avant l'échéance que celui-ci lui avait fixée en le remerciant de l'avoir mis sur une piste intéressante et en lui annonçant que la durée de vie moyenne des cadres de l'entreprise augmenterait chaque année sur les 5 années à venir.

Maximo referma l'e-mail avec un sourire de satisfaction.

La solution est dans la question.

On pourrait presque dire qu'il y a autant de styles de management que de managers, tant est grande la diversité des tempéraments.

Sur l'échelle de l'écoute qui en comprend 10, certains sont au degré 9 quand d'autres sont à 0.

Constat : Faites comme moi, tout ira bien

Michel était un vendeur plein d'énergie. Très brillant, il avait réussi à conclure des accords commerciaux d'une ampleur surprenante compte tenu de sa carrière toute récente et de son âge. Ses succès lui avaient valu d'être nommé, à 25 ans, responsable commercial d'un territoire plus important à revitaliser avec 4 attachés commerciaux sous ses ordres.

Après 6 mois, force était de constater que Michel avait généré un chiffre d'affaires supplémentaire de 50%, mais que les 4 attachés commerciaux n'avaient pas progressé et l'un d'entre eux était en baisse de 10%. Interrogé sur ces chiffres par Julien, le directeur commercial de l'entreprise, Michel ne pouvait qu'exprimer son incompréhension.

- Je leur ai expliqué quels étaient leurs objectifs et comment faire pour les atteindre et je ne comprends pas pourquoi ils n'y arrivent pas.

Julien demanda à Michel si celui-ci avait interrogé les attachés commerciaux sur les raisons de leur manque de résultats, et celui-ci de s'exclamer :

- Ils ne font pas ce que je leur dis de faire ! C'est pourtant simple, je leur ai tout expliqué en long, en large et en travers !

Julien commençait à avoir une petite idée sur ce qui ne fonctionnait pas bien, mais plutôt que d'en faire part à Michel, il demanda à celui-ci de l'inviter à participer à la prochaine réunion.

Il ne lui fallut pas très longtemps pour comprendre le type de relations qui s'était instauré entre Michel et ses équipiers et en quoi cette relation était "éloignante".

Michel avait réussi à remporter des commandes fabuleuses. Il avait fait la preuve de son savoir-faire en matière commerciale de manière très convaincante. Dans son esprit, la solution pour la nouvelle équipe qu'il dirigeait était simple. Si tous faisaient comme lui, le chiffre d'affaires devait être multiplié par 2 dans l'année. Et c'est précisément ce qu'il répétait aux 4 attachés commerciaux pendant les 30 minutes que dura cette nouvelle réunion.

L'un d'eux interrompit Michel pour lui dire qu'il avait essayé sa méthode mais qu'elle n'avait pas marché pour lui. Et Michel de reprendre sa démonstration avec conviction, sans attendre la fin de la phrase de son interlocuteur et ne se rendant pas même compte que les 3 autres ne l'écoutaient déjà plus.

Michel était un fonceur, doué d'un sens de l'initiative hors du commun et d'une élocution qui submergeait tout. Ses équipiers avaient des profils de commerciaux très intéressants, mais ils étaient impuissants devant la diatribe de Michel. Découragés de ne pas être compris, ils se taisaient en attendant qu'il en fasse de même, ce qui se produisait généralement après une dernière phrase du type :

- Bon allez, cette fois-ci vous allez y arriver !

Il est très difficile de voir ses propres travers, surtout quand ceux-ci son l'envers d'une très grande qualité. Fort heureusement, Michel avait un manager soucieux de l'aider à trouver la solution.

Bien que réunissant les commerciaux régulièrement, Michel leur était inaccessible parce que pour lui, il n'y avait qu'un moyen de réussir : le sien. Non pas qu'il nourrisse du dédain pour les autres, mais comme il réussissait très bien, il pensait tout naturellement que les autres n'avaient qu'à faire comme lui.

Après avoir refermé la porte, Julien s'installa dans le bureau de Michel, face à lui.

- J'ai bien écouté ce qui s'est passé pendant votre

réunion, dit-il, et j'aimerais que tu te mettes à ma place, Michel, et que tu me décrives les faits et gestes des 5 participants, c'est à dire toi et les 4 attachés commerciaux.

Michel se prêta volontiers au jeu et se mit en route pour un monologue sans fin. Julien sourit intérieurement en l'écoutant :

- J'ai repris l'ensemble de la prestation qu'ils sont censés assurer auprès de la clientèle en leur expliquant point par point les éléments importants et la manière de les mettre en place. Je pense que.....

Julien l'interrompit non sans difficultés :

- Je dois dire que j'ai été impressionné par ta maîtrise du sujet.

Michel ne sut cacher son plaisir et Julien reprit :

- Crois-tu les avoir convaincus?

- Pas vraiment, non, je…

- As-tu l'impression qu'ils ont compris?

- Pas certain du tout et pourtant je…

- Ont-ils au moins écouté?

- Pas tout le temps, mais tu as vu j'ai…

- Qu'en conclus-tu?

- Qu'ils ne sont pas très doués pour ce travail

Julien marqua une pause et baissa le ton de sa voix pour donner toute son importance à la question suivante :

- Est-ce la seule conclusion possible?

Michel réfléchit et se troubla tout à coup. Il venait d'entre-apercevoir une faille dans sa méthode et la possibilité d'être le responsable du manque de résultat de son équipe.

- Qu'est-ce que tu veux dire?

Julien répondit par une question. C'était devenu sa spécialité depuis qu'il avait compris que les meilleures réponses sont celles données par celui qui est chargé de résoudre le problème.

- Si tu te remémores la scène en regardant le groupe de 5 personnes composé des 4 commerciaux et de toi-même, quels commentaires peux-tu faire sur ce qui s'est passé?

Michel fut surpris de se rendre compte qu'il n'avait pas une réponse toute faite à cette question. Il prit le temps de la réflexion et Julien se taisait. Après 2 longues minutes, Michel reprit beaucoup plus calmement :

- Je leur ai expliqué la méthode et ils sont restés silencieux. L'un d'entre eux m'a demandé pourquoi il ne parvenait pas au même résultat que moi avec la même démarche et je lui ai expliqué à nouveau. A part cela, ils n'ont rien dit, ce qui fait que je ne sais pas exactement ce qu'ils ont fait, ce qu'ils en pensent et pourquoi leurs résultats sont décevants.

Grâce à Julien, son manager, Michel avait réussi à faire un Constat essentiel. Il ne suffit pas d'avoir une bonne recette et de la transmettre. Il faut s'assurer que ses équipiers la comprennent et qu'ils ont les ingrédients et le matériel de cuisine pour la reproduire. Ils ne reproduiront probablement jamais exactement les mêmes saveurs, mais ils pourront préparer des repas de qualité. Qui sait, avec l'apprentissage de l'autonomie, l'un d'entre eux deviendra peut-être un chef !?

Le management en questions

Affirmer maintient l'autre dans un rôle passif

Questionner donne à l'autre un rôle actif

Question: Degré d'efficacité

Au moment même où il fit le constat, Michel comprit que son attitude était "éloignante", c'est à dire qu'elle ne lui permettait pas d'atteindre son objectif qui était de redresser les ventes sur le territoire qu'on lui avait confié.

Il ne formula pas sa prise de conscience de cette manière, mais Julien lui expliqua le CQRD à ce stade de leur travail.

- Une fois que tu as Constaté un phénomène, tu te poses immédiatement la Question de savoir si cela te rapproche de ton objectif ou si cela t'en éloigne. Ensuite tu Réfléchis aux moyens de modifier ce phénomène pour l'intensifier s'il est "rapprochant" ou le modifier s'il est "éloignant" ou encore le laisser de côté s'il est neutre. Saches seulement que rien n'est jamais vraiment neutre. Après avoir comparé les différentes options, tu Décides de l'action que tu vas mener.

Réflexion : Poser les bonnes questions

En l'occurrence le phénomène était clairement "éloignant" et Michel sut, sans avoir à réfléchir très longtemps, qu'il devait beaucoup plus tenir compte du point de vue de ses interlocuteurs. Il Décida de modifier son approche.

Les questions ne sont pas neutres car elles orientent le débat et c'est pour cela qu'elles ont un pouvoir immense, bien plus fort que les longues démonstrations. Celui qui écoute passivement ne s'expose pas. Si votre désir de convaincre l'autre vous pousse à exposer vos idées sans l'interroger, vous n'apprenez rien sur lui et vous lui permettez de rester immobile. Si vous voulez faire "bouger" quelqu'un, posez-lui des questions plutôt que de lui faire de longs discours. En général, celui qui fait des longs discours le fait parce qu'il a besoin de se rassurer, de se prouver à lui-même qu'il a raison. La méthode la plus efficace est d'être calme et solide sur ses bases pour se tourner entièrement vers l'autre afin de l'aider à réfléchir en l'interrogeant.

Certaines interviews sont un bon exemple du pouvoir du questionnement. Quand un animateur d'émission TV interroge son invité, ce dernier connaît le sujet dix fois mieux que le journaliste et pourtant, ils sont nombreux ceux qui tombent dans le piège du questionnement. Il n'est pas nécessaire, ni même souhaitable, que le questionnement soit un piège, mais dans le cas des interrogatoires télévisés, c'est souvent le cas : pour obtenir de l'information inédite, un scoop, les journalistes poussent souvent leurs victimes dans leurs derniers retranchements et les obligent, par leurs attaques verbales, à se justifier plus qu'à exposer leur point de vue. Se sachant regardé et écouté par de très nombreux téléspectateurs, l'interviewé tombe souvent les pieds joints dans la trappe. Certains animateurs pratiquent cette technique avec une férocité à peine masquée derrière une apparente courtoisie :

- Le journaliste pose une question.
- L'invité commence à répondre
- Le journaliste contredit l'invité avec une autre question avant que la réponse à la première ne soit terminée
- L'invité arrête de répondre à la première et

commence à répondre à la deuxième
- Le journaliste contredit l'invité avec une autre question avant que la réponse à la deuxième ne soit terminée
- L'invité arrête de répondre à la deuxième pour répondre à la troisième.

En général cela ne va pas plus loin, parce qu'à ce stade de l'interview, l'invité est perdu. Il a oublié l'idée qu'il voulait faire passer au début de l'entretien et le journaliste a obtenu ce qu'il voulait : non pas un débat d'idées mais une mise en difficulté de l'interviewé.

Le journaliste dicte les règles du jeu par ses questions et la plupart des invités les acceptent et s'y plient. Il est très difficile de ne pas se faire piéger dans ces circonstances, car tout invité souhaite utiliser le temps d'antenne pour faire passer ses messages. Il est là pour répondre et il ne s'imagine pas ne pas ne pas répondre, même si le mode de questionnement le met en position de le faire très mal. Seuls les invités très entraînés savent ignorer les rafales de questions et continuer à répondre à la première en développant l'idée qui leur est chère. Les autres répondent à toutes les questions parce qu'ils se sentent attaqués et pensent devoir se justifier. Ils répondent en parlant vite parce qu'ils veulent avoir raison et le journaliste ne leur laisse que peu de temps. Mais plus ils accélèrent, plus vite ils sont interrompus par une nouvelle question déstabilisante.

Ce genre de joute a lieu dans biens d'autres circonstances, au travail et ailleurs. Il est très difficile de ne pas répondre à une question quand on met en doute nos connaissances ou notre capacité à remplir notre mission correctement. Si l'autre conteste notre réponse, nous répondons immédiatement à l'objection et à partir de ce moment-là, nous laissons à celui qui pose les questions le contrôle de la conversation.

L'analogie du judo est très intéressante. Pour arriver à ses fins, il vaut mieux se mettre en position basse, fort sur ses appuis et maintenir l'autre sur la pointe des pieds en l'obligeant à bouger.

Quand nous développons notre opinion en ne donnant pas la parole à l'autre, nous faisons le contraire. Nous sommes sur la pointe des pieds et nous nous agitons devant notre interlocuteur qui lui est en position basse, fort sur ses appuis et qui n'a plus qu'à faire un effort minime pour nous faire perdre l'équilibre.

Nous confondons souvent l'apparence et l'efficacité. Monopoliser le temps de parole pour prouver que nous connaissons les réponses nous donne l'apparence de la supériorité. La vraie force est d'arriver à faire bouger l'autre pour avoir une réelle influence sur lui.

L'analogie avec le combat de judo n'est cependant pas idéale car il est préférable que les relations de travail soient envisagées dans la perspective d'une issue gagnant-gagnant et non pas gagnant-perdant. Cela dit, garder le contrôle de l'échange et être en position de force peut servir à assurer le règlement pacifique des différends.

Que vous le pratiquiez avec bienveillance ou armé des pires intentions, le questionnement est la méthode la plus efficace.

Je vous encourage cependant à l'utiliser avec bienveillance car les mauvais traitements que vous faites subir aux autres vous nuisent également, directement ou indirectement, consciemment ou inconsciemment.

Admettons que Michel se mette à questionner ses équipiers afin de mettre en évidence leur incapacité. Compte tenu de son savoir-faire dans la vente, il devrait pouvoir y arriver facilement. Mais alors, s'il décourage complètement ses troupes, qui va lui apporter le chiffre d'affaires dont il a besoin?

Il n'y a aucun intérêt à dénigrer ses collaborateurs, même en plaisantant. Les critiques doivent être constructives et les meilleures sont celles faites sous forme de question pour porter l'attention sur les solutions et non pas les problèmes. De plus cet exercice doit être fait en privé de manière à ne pas mettre l'interlocuteur en position difficile vis à vis de ses collègues. Enfin, il faut résister à tout prix à l'envie de rire des faiblesses de ses équipiers. Même si tout le monde trouve cela drôle, le mal est fait. Celui qui est la risée de tous est démotivé et les autres savent qu'un jour, ce sera leur tour. Mauvaise ambiance.

Jean, un chef d'entreprise par ailleurs très doué, avait avec ses cadres des relations ni franches, ni sincères, car il ne pouvait pas résister à l'envie de faire un bon mot au dépend de l'un d'eux quand l'occasion s'en présentait. Et comme il avait un esprit particulièrement malicieux, l'occasion se présentait souvent. Les réunions qu'il présidait se déroulaient dans une atmosphère de quasi-terreur. On ne prenait la parole que pour répondre à ses questions et une fois sur deux, son commentaire était sarcastique, violent et humiliant. Il employait beaucoup de monde. C'était sa grande fierté et le moyen de donner libre cours à ses penchants légèrement tyranniques. Il employait d'ailleurs beaucoup trop de monde : à force de démotiver les salariés et de diminuer leur niveau de performance, ceux-ci devenaient moins efficaces et devaient être secondés par de nouvelles recrues. Ne se sentant pas en confiance mais plutôt en danger quand ils émettaient un avis, tous appliquaient la règle non écrite et restaient à couvert le plus possible. Cette situation privait l'entreprise d'un renouvellement des idées que les auteurs tuaient systématiquement dans l'œuf s'ils avaient la moindre crainte d'être épinglé par le patron.

Une fois ce Constat fait et la Question de l'impact sur l'objectif traitée, quelle peut être notre Réflexion sur le sujet pour orienter notre Décision?

Toutes les idées ne sont pas toujours bonnes, mais les écarter d'emblée peut faire passer à côté d'opportunités d'atteindre plus vite son objectif. Face à une nouvelle idée, qu'elle vienne de soi-même, d'un membre de l'équipe ou d'ailleurs, il est efficace de se demander si cette idée peut nous aider à atteindre notre objectif avant de chercher les raisons de l'écarter. Si le groupe considère que toutes les idées sont au moins assez bonnes pour être analysées en fonction de l'objectif, les membres du groupe seront plus créatifs. Si en plus, le groupe considère qu'une idée peu convaincante peut en générer une autre qui le sera beaucoup plus, alors la communication devient beaucoup plus riche.

Revenons quelques instants à Michel et à ses 4 commerciaux. Il avait plus intérêt à orienter ses questions de façon à ce que les commerciaux soient à leur avantage et construisent leur stratégie autour de leurs points forts. Une question ouverte a précisément pour but d'amener l'autre à développer son point de vue en choisissant librement les arguments avec lesquels il est à l'aise. Cette question ouverte qui devrait être neutre, peut néanmoins être orientée de façon à mettre en difficulté ou aider l'interlocuteur.

Version neutre : Comment s'est passée votre semaine?

Version bienveillante : Quelles sont les bonnes nouvelles de la semaine?

Version malveillante : Cette semaine a-t-elle été aussi catastrophique que toutes les précédentes?

C'est un peu caricatural, mais cela se pratique sous différentes formes et certaines sont très insidieuses et très destructrices.

Dans un autre registre, la manière dont on pose des questions à ses enfants peut aussi être très orientée et donc conditionner la réponse chez ces êtres éminemment malléables :

Version neutre : Comment s'est passé ta journée à l'école?

Version bienveillante : Alors grand chef, tu as appris des choses intéressantes aujourd'hui?

Version malveillante : Qu'est-ce que tu as fait comme bêtises aujourd'hui?

A nouveau, le bon choix dépend de l'objectif que l'on se fixe. Si l'on veut un échange factuel simple sans injection d'émotions, on opte pour la première version neutre. Si l'on veut motiver son interlocuteur, on choisit la deuxième version encourageante. Si l'on veut le mettre en difficulté, voire le pousser à la faute, on utilise la troisième version provocante.

La manipulation visant à nuire est nocive pour tous, pour les manipulateurs et les manipulés. En revanche, aider l'autre à analyser et faire des choix de manière de plus en plus autonome fait grandir tout le monde.

Décision : Empathie et points forts

Michel ayant réalisé à quel point il avait jusqu'alors omis d'écouter et de tenir compte de l'expérience et du potentiel de ses équipiers et se rendant compte à quel point cela l'avait empêché d'atteindre son objectif, il décida de modifier son approche et de s'intéresser sincèrement aux personnes afin de les aider à donner le meilleur d'elles-mêmes dans le cadre de leur mission.

Michel était tout sauf mesquin. C'est d'ailleurs sa générosité qui lui valait la sympathie de ses clients. Dès l'instant où il sut faire taire sa fougue, il n'eut aucun problème à mettre en œuvre sa nouvelle méthode. Il commença donc à interroger les attachés commerciaux sur la manière dont ils abordaient leur mission, sur ce qui leur semblait important dans leur démarche et sur ce qui les laissait perplexes. Ses collaborateurs furent d'abord surpris et incrédules. Mais devant la sincérité de la démarche et du comportement de Michel, il furent séduits et rapidement, ils modifièrent leur propre comportement pour devenir beaucoup plus actifs et dynamiques en multipliant les initiatives.

Michel s'obligeait à ne plus donner ses réponses et se servait de son analyse et de sa perception des faits et des réactions de ses équipiers pour relancer leur réflexion dans de nouvelles directions à chaque fois que cela était nécessaire. Il se rendait compte à quel point son ancienne méthode destinée, pensait-il, à faire gagner du temps à chacun, en avait fait perdre à tous dans son équipe et dans l'entreprise. Il utilisait les succès petits et grands, pour motiver et " regonfler "le moral dans les moments de découragement. Celui des 4 commerciaux qui obtenait les meilleurs résultats lui avoua peu de temps après, qu'il avait commencé à chercher un poste dans une autre entreprise, et qu'il avait mis ce projet en suspend, quand Michel avait annoncé les changements qu'il avait décidé de mettre en place.

Malgré l'efficacité de sa nouvelle méthode et le talent avec lequel il la faisait sienne, Michel ne réussit pas à aider un des 4 attachés commerciaux.

Ni harcèlement, ni baby sitting

La détermination à aider les membres de son équipe à donner le meilleur d'eux-mêmes ne doit pas conduire le manager à oublier ses impératifs d'efficacité et son jugement doit être suffisamment aiguisé pour qu'il sache doser cette aide. Son but est de rendre ses équipiers de plus en plus performants et autonomes et il doit être capable de définir les objectifs et de mesurer les progrès à ces deux niveaux, pour et en accord avec chacun d'entre eux.

Cette collaboration doit se faire entre adultes avec une relation faites d'échanges professionnels constructifs et positifs. Cette relation ne doit pas se perdre dans un rapport d'autorité dominante dans lequel le manager prendrait la place d'un parent assouvissant son besoin de dicter ses volontés et le collaborateur celle d'un enfant plus ou moins obéissant et soumis. Ni harcèlement, ni baby sitting. Deux adultes, à des stades différents de leur carrière, avec des responsabilités différentes, des rémunérations différentes, mais collaborant au même objectif pour l'entreprise.

Pour éviter une relation parent/enfant et pour évoluer dans une relation adulte/adulte, pour employer des termes d'analyse transactionnelle, il est bon de construire les rapports de travail autour de contrats et de développer la relation sur le mode fournisseur/client dans les deux directions. Cela est vrai pour les relations entre le manager et ses collaborateurs et également pour toutes les relations que nous entretenons avec toute personne de l'entreprise.

Nous sommes tous fournisseurs de certaines personnes de l'entreprise et clients d'autres. Nous sommes même la plupart du temps clients et fournisseurs de tous nos interlocuteurs, dans la mesure où nous apportons un service ou des matériels à ceux qui en ont besoin pour faire leur travail et ceux-ci nous apportent informations et services pour que nous puissions mener à bien notre tâche.

Le manager est fournisseur de prestation à ses

collaborateurs quand il les guide et quand par exemple, il obtient un service d'une autre division pour permettre à son équipe de fonctionner. Ce même manager est client de ces mêmes collaborateurs quand ceux-ci lui fournissent des informations sur les marchés et la concurrence et lui permettent d'atteindre ses objectifs.

Si l'on considère ses collègues comme des clients importants, la relation prend immédiatement une coloration nouvelle. L'appellation "client" elle-même est un rappel permanent du but qui donne sa raison d'être à la relation. Quand je parle à un client, j'ai en tête ce que je veux lui fournir pour arriver à mes fins. Quand je parle à un fournisseur, j'ai en tête ce que je veux obtenir de sa part.

Cette relation est fondée sur des objectifs d'efficacité et il est bon que les relations entre individus d'une même entreprise le soient également.

Mais rencontrer de temps en temps des clients n'est pas la même chose que côtoyer en permanence des collaborateurs. La vigilance que l'on exerce durant des rencontres espacées faiblit dans les relations permanentes. De la même manière que l'on est capable d'imposer à ses proches un comportement que l'on ne ferait pas subir à ses amis, en manifestant sa mauvaise humeur par exemple, on s'autorise avec ses collaborateurs et collègues des jugements hâtifs en perdant de vue l'objectivité nécessaire à un échange productif.

Si je ne suis pas du tout d'accord avec ce que quelqu'un vient de dire, et que je lâche un jugement du type : "cela n'a pas de sens" ou pire : "c'est idiot", je suis dans le jugement. Et une forte dose de ce genre de réaction peut s'apparenter au harcèlement.

Rien n'est idiot dans l'absolu, seulement certaines choses sont meilleures que d'autres, compte tenu de l'objectif que l'on s'est fixé.

Il est plus efficace de réagir de manière "objective", en posant une bonne question telle que: "en quoi ceci nous aide-t-il à atteindre notre objectif qui est de...?" Ceci est un excellent réflexe qui permet de rappeler à votre interlocuteur l'objectif à atteindre et de le faire réfléchir sur la façon dont il s'y prend.

Face à une action ou une parole avec laquelle vous n'êtes pas d'accord, il y a 3 réactions possibles :

La première est celle du jugement hâtif : "ce que vous dites n'a pas de sens" ou encore "cela n'est pas possible". Le jugement que vous proférez a pour effet de mécontenter l'autre et le met dans une position fermée d'écoute très faible. Vous n'aurez que peu de chance de faire changer d'avis votre interlocuteur. Il risque de ne pas progresser dans sa mission et de ne pas acquérir le supplément d'autonomie qui le rendrait plus efficace à l'avenir.

La deuxième est celle de l'explication pédagogique : "je comprends pourquoi vous faites ceci, mais je pense qu'une autre option donnerait de meilleurs résultats pour la raison suivante...". Cette solution est meilleure car vous n'insultez pas l'intelligence de votre interlocuteur et vous avez toutes les chances de le faire modifier son point de vue.

La troisième est celle de l'interrogation bienveillante : "Je vois ce que vous voulez dire et je l'accepte. Cela vous semble-t-il être la meilleure solution pour atteindre notre objectif qui est de …?". Cette réaction est de loin la meilleure car elle encourage votre interlocuteur à réfléchir à la pertinence de ses actes par rapport à sa mission. Vous l'aidez donc à trouver par lui-même les solutions et vous le poussez à devenir de plus en plus autonome en le formant à faire cette analyse par lui-même à l'avenir. C'est une méthode qui demande plus de temps que de dicter sa volonté, mais qui rend vos collaborateurs beaucoup plus efficaces.

Ainsi, nous pouvons trouver un accord sur l'objectif de la semaine et la manière de l'atteindre, de même que sur le mode d'appréciation des résultats. La semaine suivante, nous pouvons faire le point objectivement sur ces résultats, discuter des écarts par rapport à ce qui était prévu, négocier les moyens de les corriger, et nous mettre d'accord sur de nouveau objectifs pour les 5 jours à venir.

Nous Constatons les faits, nous Questionnons les évènements pour savoir ce qui nous a rapproché et ce qui nous a éloigné de notre but, nous Réfléchissons aux moyens de les infléchir pour atteindre notre objectif et nous Décidons de la conduite à adopter pour la semaine à venir.

Si ce travail est bien fait, il permet d'éviter l'interférence des jugements personnels et subjectifs. Cela ne veut pas dire qu'il n'y a pas de place pour les félicitations et les encouragements, ou bien pour les critiques et les mises en garde. En revanche, ces jugements ne sont que la conséquence d'une analyse objective des faits et des résultats. Si cette analyse montre de manière évidente que le travail prévu a été fait et que les résultats mesurables escomptés ont été atteints, cette simple constatation a valeur de félicitation, d'approbation et de satisfecit. Si le collaborateur fait le même travail avec les mêmes résultats satisfaisants, mais sans que ce constat soit fait régulièrement avec son manager, alors le niveau de motivation est inférieur à ce qu'il pourrait être.

Dans le cas où le collaborateur n'atteindrait pas les objectifs négociés, ou pire encore, s'ils n'ont pas été négociés, l'absence de constat et d'analyse ne permet pas au manager d'aider son équipier à trouver les parades. Cela le prive également d'informations que pourrait lui donner cet équipier afin d'analyser la situation plus complètement.

Cette réunion régulière permet au manager de jouer son rôle de préparateur mental auprès de ses collaborateurs, les " business athletes " et c'est grâce à ce travail d'équipe que ces athlètes peuvent aller plus loin, plus haut, plus vite et plus longtemps. Malheureusement, certains ne peuvent pas accéder ou se maintenir à ce niveau de compétition et la responsabilité du manager est aussi d'aider ceux-là à ne pas être simplement éjectés ou oubliés sur le banc de touche.

Constat : le piège des rapports conflictuels

Richard dirigeait une petite société commerciale qui vendait en France des produits de plusieurs fabricants étrangers dans le domaine des arts de la table. Il avait monté cette affaire d'importation 5 ans auparavant et les résultats étaient bons. Toujours à l'affût des nouveautés, il avait un ensemble de gammes qui plaisaient beaucoup à ses clients et il s'arrangeait toujours pour avoir de bons produits nouveaux afin de développer régulièrement les ventes. De ce fait, alors qu'il avait commencé seul, il avait maintenant une équipe de 30 personnes dont 10 attachés commerciaux. Personnellement très impliqué dans la gestion des plus gros clients, Richard avait laissé beaucoup d'autonomie à ses collaborateurs et il avait eu la chance de recruter de très bons éléments. Totalement focalisé sur ses objectifs et avec un emploi du temps surchargé, Richard ne consacrait que très peu de temps à ce qu'il appelait des " bavardages inutiles " et il avait assez peu conscience de la manière dont son équipe fonctionnait en son absence. Avec lui ou en sa présence, tous adoptaient son mode de fonctionnement. Hors sa présence, les conflits se multipliaient à l'infini. Il y avait une déperdition d'énergie et un manque d'efficacité certains, mais cela n'était pas perçu par Richard et encore moins mesuré.

Jusqu'au jour où l'opposition exacerbée de deux salariés alla jusqu'à l'esclandre bruyant.

Le hasard voulut que Richard fût présent ce jour-là et fait plus marquant, qu'il soit accompagné d'un des plus importants clients de l'entreprise. Il n'en fallait pas plus pour que Richard soit obligé d'intervenir dans un domaine qu'il avait pris soin d'éviter plus ou moins consciemment depuis longtemps.

Une fois le client reparti, Richard demanda à sa

secrétaire de convier à le rejoindre immédiatement dans son bureau les personnes qui avaient pris part à l'incident.

Ce fut le début d'un constat douloureux pour Richard. Les salariés de son entreprise entretenaient les uns avec les autres des relations faites d'agressivité, d'inimitié et de méfiance. Il avait ouvert les vannes et les récriminations lui parvenaient avec un débit qu'il ne pouvait réduire.

Question : Degré d'efficacité

Richard n'eut même pas à se poser la question de l'impact de cette ambiance sur l'efficacité du travail de chacun. Il était seulement surpris, vu la gravité de la situation, que celle-ci ne lui fut pas révélée plus tôt. Il se promit d'être plus vigilant à l'avenir.

Il sut immédiatement qu'il lui fallait traiter ce problème en priorité, tant l'attitude des collaborateurs qu'il avait entendus sur le sujet lui apparaissait incompatible avec ses projets de développement à long terme. En effet, il avait un plan de croissance qui nécessitait de doubler le nombre de salariés dans les 2 ans. Une telle augmentation des effectifs ne pouvait être envisagée tant que l'équipe actuelle fonctionnerait de la sorte. L'activité de son entreprise se trouvait prise au piège des rapports conflictuels. Le potentiel du groupe était à l'évidence nettement inférieur à la somme des potentiels de ses membres.

Réflexion : Recentrer l'entreprise sur ses objectifs

Ayant parlé à un ami de ce qui le préoccupait, Richard fit la rencontre de Patrick, un conseiller en organisation, spécialiste de la préparation mentale des équipes. Après avoir écouté Richard, il lui proposa d'intervenir auprès de ses salariés en trois phases : la première pour faire connaissance et entendre chacun individuellement sur la question de son rôle dans l'entreprise et de ses relations avec les autres. La deuxième pour les faire travailler tous ensemble à une réflexion sur les solutions à mettre en œuvre. La troisième phase pour suivre, quelques semaines plus tard, la mise en œuvre des décisions qu'ils auront prises.

- Très occupé à développer l'activité principale de votre entreprise, vous avez eu de très bons résultats, sans profiter au maximum du potentiel de vos salariés. L'équipe que vous avez aujourd'hui en a encore sous le pied, comme on dit dans le jargon automobile. Mais pour aller chercher cette réserve d'efficacité non encore utilisée, il faut que vous vous impliquiez plus dans la motivation de vos équipes. C'est le processus que je vous propose de démarrer lors de mon intervention.

Richard accepta et Patrick entama la série d'entretiens avec chaque salarié de l'entreprise. Il aimait beaucoup son métier et il savait inciter ses interlocuteurs à se livrer en confiance. La confidentialité de ces entretiens était toujours totale. Les informations faisaient l'objet d'un rapport à la direction des entreprises qui faisaient appel à lui, mais jamais aucun commentaire nominatif ne filtrait.

Ce que Patrick entendit ne le surprit pas. Chaque salarié avait l'impression de donner non seulement le meilleur de lui-même, mais de faire beaucoup plus et mieux que les autres. Sans l'exprimer directement, chacun d'eux réclamait la reconnaissance de leur mérite qui leur faisait défaut, d'où cette agressivité généralisée. La moindre difficulté de communication donnait lieu à des réactions agressives qui étaient autant d'appels maladroits au respect et à la reconnaissance. Ne sachant pas trop ce que Richard pensait des performances de chacun, un climat d'incertitude régnait qui n'incitait pas les salariés à s'investir à 100% dans leur mission.

Patrick rendit compte à Richard de ce qu'il avait entendu et compris lors de ces entretiens et lui demanda de prévoir un séminaire de deux jours avec l'ensemble des salariés, dans un endroit agréable où ils pourraient à la fois travailler et se détendre.

L'accueil fut suivi du petit déjeuner pendant lequel Patrick expliqua le programme des deux jours. Le cadre était très agréable et tous avaient accepté de consacrer le week-end à cette rencontre. Deux jours de congés supplémentaires seraient à prendre plus tard.

Une première séance de travail regroupa tout le monde à l'exception de Richard. Patrick posa une seule question : Quel est l'objectif de votre entreprise ? Le silence qui s'en suivit fut déjà une réponse. Après que Patrick eut posé la même question sous différentes formes, il obtint quelques réponses qui étaient toutes différentes les une des autres. Toutes furent notées et le groupe fut divisé en sous groupes de 5 personnes qui devaient se retirer chacun dans

une salle pour réfléchir aux questions suivantes :
quel est votre objectif personnel, dans et hors de
l'entreprise, en quoi travailler dans cette entreprise
vous rapproche-t-il ou vous éloigne-t-il de votre
objectif et que faudrait-il pour que votre action dans
l'entreprise vous rapproche   mieux et plus
rapidement de vos objectifs personnels ?

Un rapporteur par groupe devait noter les idées
sans nommer les individus de sorte que chacun
s'exprime librement.

L'ensemble fut remis le soir du premier jour à
Richard qui était chargé d'en prendre connaissance
et de présenter au groupe sa vision à long terme pour
l'entreprise.

Après cette présentation par Richard le matin du
deuxième jour, un débat en séance plénière fut
animé par Patrick sur les objectifs de l'entreprise et
de ses salariés et la meilleure manière de les faire se
rencontrer.

Un matériau fantastiquement riche en ressortit
ainsi qu'une nouvelle motivation très forte, liée au
faits suivants :

- L'ensemble des salariés avait participé à
l'élaboration d'une nouvelle série d'objectifs pour l'entreprise

- Les objectifs personnels des salariés avaient été
pris en compte à tel point qu'ils faisaient partie des
objectifs de l'entreprise

- Un programme de suivi des progrès par rapport
à ces objectifs avait été suggéré par les salariés

- Les membres de l'équipe se sentant exister,
impliqués dans la stratégie de l'entreprise et
reconnus avaient perdu la plus grande partie de leur
agressivité les uns envers les autres.

Décision : Mise en place du TOP management

Patrick convint avec Richard d'un programme de travail afin de profiter de cette nouvelle dynamique pour mettre en place le T.O.P. management pour chaque membre de l'entreprise.

Le responsable des ventes et le responsable administratif furent formés à ce mode de management afin que chacun sache exactement quel était son objectif et comment étaient mesuré ses résultats. Cela contribua encore plus à apporter aux salariés le retour d'information permanent qui leur avait manqué auparavant et qui leur permettait maintenant de fonctionner quasiment au maximum de leur potentiel. Les très bons éléments n'avaient plus de ressentiment à l'encontre des moins performants car ils savaient que l'entreprise utilisait maintenant des critères d'appréciation objectifs.

Cela permit aussi de détecter les faiblesses de 2 salariés qui souffraient de ne pouvoir donner ce qui leur était demandé et qui acceptèrent volontiers de nouvelles missions mieux adaptées à leur potentiel.

Avoir raison ou atteindre son objectif

Cesser de vouloir avoir raison à tout prix est le préambule à toutes les méthodes de communication pacifiques et efficaces. Le monde souffre de conflits inutiles entretenus par des milliards personnes qui veulent avoir raison. Et pourtant, avoir raison n'est pas déterminant. Ce qui l'est, c'est atteindre nos objectifs et ceci durablement.

- Je ne suis pas d'accord avec vous…
- Vous vous trompez..
- Vous faites erreur…

- Ah non…
- Oui mais…
- Vous n'avez pas compris…
- Vous ne voyez pas clair…
- Vous ne m'avez pas entendu…
- Vous ne savez pas ce que c'est…
- Soyons sérieux…
- Essayons de dépassionner le débat…
- Soyons adultes…

Toutes ces entrées en matière provoquent un affaiblissement de l'écoute chez ceux à qui elles s'adressent et créent des obstacles retardant l'émergence d'un accord.

Vouloir avoir raison est un reflex conditionné fortement ancré en nous. Esprit de revanche ou tentative désespérée de contrôler notre environnement, notre destinée, quelle qu'en soit la cause, vouloir avoir raison est un désir destructeur qui nous fait souvent passer à côté de l'essentiel.

A nous tous qui cherchons sans cesse à avoir raison, nous posons cette question: Avoir raison nous aide-t-il à atteindre nos objectifs?

Parfois oui, la plupart du temps, non.

Nos arguments sont le produit de notre expérience qui est unique. En tant que tels, ils sont valides. Pourquoi refuser aux autres, le droit à leur propre opinion alors que nous le revendiquons pour nous-mêmes quotidiennement?

Chacun a raison de s'exprimer comme il le fait parce que c'est le produit de son expérience. La vérité de chacun est éminemment respectable et c'est pourquoi nous devrions dire: "vous avez raison" de penser ce que vous pensez, de ressentir ce que vous ressentez.
Ensuite nous devrions nous interroger "ensemble" pour trouver "ensemble" un accord satisfaisant pour tous.

Respecter le point de vue des autres incite chacun à aborder les négociations avec une ouverture d'esprit propice aux meilleurs accords.

Nous reconnaissons que "vous avez raison". Que décidons-nous maintenant de faire pour atteindre nos objectifs?
La réaction instinctive, quand nous sommes contredits dans nos actes ou dans nos paroles est de prouver à celui qui s'oppose à nous qu'il a tord.
Comme nous voulons tous avoir raison, cela explique qu'une grande partie de nos relations avec autrui n'est qu'un dialogue de sourds.
Cela va parfois jusqu'au conflit violent, mais même en l'absence d'agression caractérisée, nous appliquons un certain niveau de violence à nos interlocuteurs. Celle qui est la moins reconnue, peut-être parce que la plus répandue, est l'absence d'écoute.
Or cette violence indispose et en tous cas, ne dispose pas celui qui la subit à aider celui qui l'exerce. Avoir raison "remonte" le perdant de la joute verbale contre le gagnant.
Dans les relations de travail, est-il suffisant d'avoir

raison de l'autre ou bien n'est-il pas plus important d'enrôler sa bonne volonté afin qu'il rende le service attendu de la façon la plus performante possible?

Constat : satisfait d'avoir raison

Gérard était directeur commercial depuis 2 mois chez un fabricant de produits industriels. L'équipe de vente était en place avant son arrivée et il eut beaucoup de mal à assumer ses nouvelles responsabilités car il avait une conception du management qui passait mal auprès des ses nouveaux équipiers. Il avait vendu à son directeur général un plan de réorganisation du service commercial de l'entreprise avant même de rencontrer les responsables commerciaux et il leur avait présenté sa nouvelle stratégie lors de leur première rencontre.

Son plan était théoriquement bon, mais il ne tenait pas compte des spécificités de l'entreprise et de l'équipe commerciale en place.

Cette première réunion fut l'occasion d'un échange de tirs de barrage : les responsables commerciaux développèrent maintes raisons pour lesquelles ce plan ne leur paraissait pas viable et Gérard s'évertua à repousser leurs objections avec maladresse et une certaine dose de violence caractérisée par des phrases du type : "ceux à qui cela ne plaît pas peuvent s'en aller".

Les relations entre Gérard et le reste de l'équipe avaient atteint un niveau de non productivité catastrophique dès le premier jour.

Les menaces de rupture définitive produisaient l'effet escompté et mettaient fin aux discussions.

Gérard était alors satisfait d'avoir remporté la bataille, oubliant à quel point l'issue de la guerre était devenue incertaine. Autrement dit et dans des termes plus pacifiques, Gérard pensait avoir gagné la partie en mettant fin à la discussion avec des menaces, mais l'équipe n'avait aucune envie de mettre en place les réformes prévues.

Gérard ne se rendait pas compte qu'il eut été préférable de ne pas chercher à avoir raison, mais plutôt de chercher à savoir ce que l'équipe pensait de la stratégie actuelle afin de les amener à imaginer des modifications qui iraient dans le sens de ce qu'il souhaitait mettre en place.

Gérard avait les meilleures intentions du monde et ne comprit pas qu'avoir été engagé pour mettre en place une nouvelle stratégie ne l'autorisait pas à imposer ces changements de manière non concertée.

Gérard ne bénéficia pas à temps de conseils avisés et ne termina pas sa période d'essai dans l'entreprise. Le directeur général se rendit compte que Gérard perdait de vue ses objectifs lorsqu'il était aux prises avec une opposition et n'avait alors plus qu'une seule idée en tête : avoir le dessus.

Outre les effets déplorables que cette attitude avait eus très rapidement sur la motivation de l'équipe commerciale, le directeur général était certain que l'impact sur la clientèle serait également contre-productif.

Question : Degré d'efficacité

Le comportement de Gérard pouvait laisser penser qu'il était très autoritaire et sûr de lui. Hors son attitude était plus liée à sa manière de considérer les autres qu'à un degré élevé de confiance en lui.

En effet, il avait tendance à ne pas accorder de valeur à ce que lui disaient les personnes hiérarchiquement inférieures à lui. En revanche, il acceptait d'emblée tout ce qui venait d'une personne plus élevée que lui dans la hiérarchie de l'entreprise ou d'un client. Son empressement à être d'accord avec ceux-ci l'amenait à approuver leurs propos de manière surprenante et ceci même s'ils étaient contraires aux intérêts de son entreprise.

Son comportement avait bien sûr un impact catastrophique puisqu'il le rendait incapable de motiver l'équipe commerciale au changement et de négocier avec les clients au meilleur des intérêts de son entreprise.

Réflexion : Cesser de vouloir avoir raison

Le directeur général de l'entreprise mena sa réflexion sur les moyens de transformer cette attitude "éloignante" en attitude "rapprochante" et estima que le changement nécessaire était trop incertain pour faire prendre le risque à l'entreprise.

Il eut fallu que Gérard cessât immédiatement de vouloir avoir raison à tout prix face à ses collaborateurs et d'accepter d'emblée ce qui venait des clients et de la direction générale.

Un tel changement de personnalité lui paraissait possible, mais pas dans des délais compatibles avec le degré d'urgence de la réorganisation.

Pourquoi vouloir imposer son point de vue quand il suffit de poser les bonnes questions pour laisser à son interlocuteur le soin de déterminer lui-même ses limites?

Avoir raison n'est d'aucune utilité et nécessite beaucoup d'énergie pour convaincre l'autre qui n'a qu'un seul but: vous contredire.

Avez-vous remarqué à quel point l'écoute est faible quand vous cherchez à convaincre? Votre interlocuteur ne vous écoute que pour capter le moment de vous interrompre pour vous contredire. Ou bien il vous écoute distraitement en attendant de pouvoir s'échapper.

Quand on sait ce que l'on sait, pourquoi vouloir l'imposer aux autres? Serait-ce parce que l'on cherche à s'en convaincre soi même?

Dès que l'on cesse de vouloir imposer son point de vue, on peut s'intéresser à celui des autres et alors se donner la possibilité d'apprendre et d'emmagasiner des informations utiles pour arriver à ses fins.

On apprend ce que l'autre sait et aussi ce qu'il ne sait pas, et on peut l'aider à compléter ses connaissances pour atteindre son objectif.

Certains disent qu'il y a de la manipulation dans cette méthode et cela est évident. Mais ce n'est pas la manipulation qui est gênante, c'est l'utilisation que l'on en fait. S'intéresser aux autres pour les faire progresser dans l'accomplissement de leur mission pour le bien de l'entreprise et le leur, est une manipulation tout à fait louable.

Décision : Mettre fin à des situations trop complexes

Malheureusement pour Gérard, son passage dans cette société fut de courte durée. Le directeur général mit fin à son contrat en utilisant la méthode que Gérard aurait du employer pour assumer ses fonctions.

Au lieu de lui expliquer brutalement les raisons qui le poussaient à ne pas prolonger l'expérience au-delà de la période d'essai, il prit le temps de l'interroger sur ce qui s'était passé depuis son arrivée et sur la manière dont il comprenait et interprétait les évènements et ses relations avec l'équipe et les clients.

Grâce à ce très long entretien fait essentiellement de questions posées par le directeur général et d'une écoute attentive de sa part, Gérard prit conscience des causes de son échec. Son patron cherchait d'autant moins à lui imposer son point de vue qu'il pouvait très bien se contenter d'un entretien de 5 minutes pour mettre fin au contrat. Il avait simplement à cœur d'aider Gérard à commencer à transformer cet échec en expérience utile.

Faire face

Bien souvent, la première réaction face à une difficulté est de la refuser. Ceci se manifeste par un mouvement d'humeur, des paroles agressives ou toute autre manifestation de fermeture.

Outre le fait que cette mauvaise humeur pollue l'esprit et l'empêche pendant un temps de trouver la solution au problème posé, elle envoie des signaux négatifs aux personnes qui nous entourent.

L'autre reflex très courant est de trouver un responsable réel ou supposé, des difficultés que nous rencontrons et de déverser sur lui notre ressentiment. Cela permet de prolonger la période de récrimination et donc retarde d'autant la mise en œuvre de solution.

Constat : la mauvaise humeur affaiblit

La bonne humeur ouvre l'esprit, facilite les connections neuronales et réduit le temps qui s'écoule entre le constat de la difficulté et la mise en place de la réponse appropriée.

La médecine sait bien maintenant que la gaîté et le rire participent au maintien du corps en bonne santé.

Le choix entre bonne et mauvaise humeur est le nôtre à chaque instant. Certaines circonstances sont plus difficiles à vivre que d'autres et rendent ce choix moins libre, mais le choix existe. Ce choix de l'humeur dépend beaucoup de la manière dont nous interprétons les évènements.

Nous sommes en permanence des interprètes de la vie. Nous voyons des parcelles de réalités et nous en tirons des conclusions sur la totalité. De ce jugement, influencé par de nombreux paramètres telle que notre expérience, nous retirons du plaisir, de la joie, du bonheur ou de la tristesse, un malaise, ou encore le désespoir. Ces sentiments déterminent notre capacité à nous ajuster, à être efficace dans la poursuite de nos objectifs.

Jérôme Linquiet et Paul Loptimiste croisèrent leur patron et comme chaque matin les 2 compères le saluèrent d'un ton joyeux et plein d'enthousiasme. Ce dernier avait mal dormi à cause d'une douleur dans le dos et leur répondit sèchement sans les regarder. Jérôme Linquiet pensa que son patron avait de graves problèmes. Il avait entendu parler d'une affaire difficile qui risquait de coûter cher à l'entreprise. Il était certain que le pire était arrivé et se demandait quel travail il pourrait trouver après avoir été mis au chômage avec les 50 autres salariés de l'entreprise. Il s'assit à son bureau, l'esprit quasiment paralysé par cette perspective, incapable de se mettre au travail. Pendant ce temps là, Paul Loptimiste reposait son téléphone après avoir pris une grosse commande, en se disant qu'il attendrait que son patron soit de meilleure humeur pour lui demander une prime exceptionnelle.

Les deux avaient vécu exactement le même événement et en avait tiré deux interprétations diamétralement opposées qui eurent des conséquences très différentes sur leur niveau d'efficacité.

Chaque jour, chaque minute, nous interprétons. Nous le faisons en fonction de nos souvenirs qui nous servent à juger. Souvent, nos jugements nous déprécient et donc diminuent notre potentiel. Souvent aussi, nos jugements déprécient les autres que nous rendons responsables de nos faiblesses et de nos échecs. Nous les blessons et leur potentiel s'en trouve également affaibli.

La marchandise nécessaire à la fabrication d'une commande ne fut pas livrée à temps. Le directeur de l'usine devint brutalement très inquiet parce qu'il ne serait pas capable de livrer le client. N'acceptant pas qu'un imprévu le mette en position difficile vis à vis du directeur commercial et du directeur général de son entreprise, sa nervosité monta de plusieurs crans. Sans connaître les détails de l'affaire et avant d'avoir envisagé une solution, il interprétait les évènements comme une menace angoissante planant sur son poste, son avenir, sa vie.

Il alla voir le responsable des achats et l'interrogea avec nervosité sur les raisons du retard. Ce dernier avait suivi l'affaire de près et attendait une réponse du fournisseur, mais il fut surpris par le ton de son manager et son stress passa dans la zone négative. Il rappela le fournisseur et se fit un peu trop pressant. Celui-ci se mit instinctivement sur la défensive, plus occupé à se justifier qu'à rechercher des solutions. Cette attitude légitime, quoique peu professionnelle, augmenta un peu plus les craintes du responsable des achats qui maintenant, renvoyait des messages d'autant plus inquiétants au directeur de l'usine. Ces aller et retour déclenchés par l'agression initiale du directeur de l'usine avaient un effet catastrophique sur le moral de chacun et diminuaient considérablement l'efficacité de l'équipe.

Le désagrément de cet incident laissa des traces durables qui rendirent la collaboration entre ces personnes plus difficile.

La colère, née du refus de faire face aux difficultés, diminue les capacités de celui qui s'y laisse prendre, mais également de ceux qui sont censés l'aider à résoudre ses difficultés.

Question : Degré d'efficacité

Maugréer devant les difficultés est un comportement qui nous éloigne forcément de notre objectif, à moins que celui-ci soit de ne pas trouver de solutions pour pouvoir prouver aux autres et à nous-même que notre sort n'est décidément pas enviable.

Marc dit un jour à son coach:
" La première fois que l'on m'a dit que j'avais une stratégie de victime, j'étais horriblement vexé. C'est un ami, qui me l'a dit, un vrai, et je l'en remercie encore. J'étais d'autant plus vexé que c'est une critique que je faisais souvent à d'autres car cela me paraissait être une faiblesse inadmissible. Après avoir fait le tour des arguments prouvant que je n'agissais pas en victime, je fus obligé d'admettre que souvent je renonçais à entreprendre quelque chose en prétextant que quelqu'un ou un événement m'empêchait ou m'empêcherait de réussir. Cela me permettait de dissimuler mes craintes d'échouer en gardant de moi une image à peu près intacte. Je dis à peu près, parce qu'inconsciemment, je crois que je n'étais pas dupe. Les excuses que je me trouvais sans cesse pour ne pas prendre plus de risques, pour ne pas viser plus haut, pour ne pas faire ce que je savais devoir faire, ont été autant de moyens de limiter mon action, d'amputer mon efficacité.

Avoir pris conscience de cela fut une fantastique libération. Tout à coup, une grande réserve d'énergie était disponible.
Je marchais avec une béquille et je l'ai lâchée pour me rendre compte que je pouvais courir.

Pour de multiples raisons, j'avais peur de ne pas réussir ce que j'entreprenais ou de ne pas être à la hauteur de mes responsabilités. Je n'ai pas fait de psychanalyse, mais je crois que l'origine de ces peurs occuperait quelques séances sur le divan. Donc, plutôt que de prendre le risque de ne pas réussir par ma faute, j'anticipais l'échec par abandon, sous prétexte que quelque chose ou quelqu'un se mettait en travers de ma route.

Ce mécanisme n'était pas totalement destructeur et les premières années de ma carrière m'ont permis de réaliser de beaux projets. Mais quand je repense à ces années, je me rends compte à quel point ce comportement m'a privé d'une source d'énergie importante et je revois quantités de moments où j'ai baissé les bras par peur d'échouer en mettant la responsabilité de mon renoncement sur le dos des autres.

Je ne sais pas pourquoi j'ai fonctionné comme cela pendant tant d'années, mais qu'importe ! Ce qui compte c'est de m'en être rendu compte et de m'être libéré progressivement de cette manie de rendre les autres responsables. J'ai l'impression d'être devenu un adulte à part entière.

Je suis aussi devenu un meilleur manager parce que je comprends le manque de maturité et je suis capable d'aider ceux qui en souffrent en les interrogeant pour les aider à prendre conscience de ce qui réduit leur potentiel.

"Ceux qui me connaissent seront surpris par ce que je dis de mes performances, tant il vrai que j'ai entrepris et réussi beaucoup de choses. Mais je sais que sans ce frein constamment serré, j'aurais pu aller beaucoup plus loin beaucoup plus vite".

Le Constat de Marc aurait du être accablant et en fait, il se révéla être une grande libération. Son ancienne stratégie fonctionnait tellement bien qu'il était persuadé ne pas pouvoir faire mieux à cause des autres. Quand il s'est rendu compte que les autres n'y étaient pour rien, son potentiel a été brusquement libéré, les peurs ont reculé et il s'est senti capable de conquérir le monde.

En faisant ce Constat important, en Questionnant l'efficacité de ce comportement au regard de ses objectifs et après avoir longuement Réfléchi aux remèdes envisageables, Marc Décida de réorienter sa carrière pour ne plus tourner le dos à ses aspirations profondes.

Si notre objectif est de faire en sorte que notre existence, dans l'entreprise et à l'extérieur, soit la plus agréable et la plus riche possible, il n'est pas raisonnable de passer ne serait-ce qu'une seconde à tempêter contre les problèmes et ceux qui sont "supposés "en être la cause. Mieux vaut consacrer notre énergie et notre talent à les résoudre.

Réflexion : Accepter sans se résigner

Il est important d'accepter l'idée même d'avoir des problèmes à résoudre. Si nous n'en avions pas dans les entreprises dans lesquelles nous travaillons, une grande partie des raisons pour lesquelles nous sommes employés disparaîtrait.

Progresser suppose que de nombreux changements aient lieu et chaque changement apporte son lot de problèmes à régler pour adapter tous les paramètres à la nouvelle situation. Le stress vient de l'effort qui nous est nécessaire pour nous adapter aux changements et c'est pourquoi il est très important d'accepter le principe même du changement et des problèmes d'adaptation qui en découlent, car cela permet de mieux réagir, de trouver de meilleures solutions et donc de diminuer ce stress.

Si je dois utiliser un nouveau programme de gestion informatisée que ma société a adopté, et si je reste persuadé que ce changement n'est pas utile alors même que le programme est déjà en place dans l'entreprise, je vais me mettre dans de mauvaises conditions pour apprendre à m'en servir et je vais donc rendre l'adaptation à ce nouvel outil beaucoup plus difficile qu'elle ne devrait l'être. Mon niveau de stress sera beaucoup plus élevé que si j'avais d'emblée accepté le changement et recherché les avantages que le nouveau système allait me procurer.

Accepter le principe du changement permanent n'est pas se résigner à n'importe quels changements. Si je peux influencer le cours des événements et empêcher l'avènement d'un changement que j'estime indésirable, il est intéressant d'intervenir à temps, de manière positive, en essayant de convaincre les parties prenantes par mes arguments.

Mais si le changement est en cours de manière inéluctable, j'ai beaucoup plus intérêt à l'accompagner en en modifiant éventuellement l'application afin qu'il serve les intérêts de mon groupe et me permette d'atteindre mes objectifs.

Exercez-vous à repérer les zones de refus qui sont en vous. Essayez d'envisager ce qui se passerait si vous remplaciez le refus par l'acceptation. Pas l'abandon sans conditions mais l'acceptation sous contrôle, avec accompagnement du changement qu'elle provoque.

Refus d'un changement inéluctable, d'être aidé, d'aider, de pardonner, d'aimer, d'apprécier, de voir, d'entendre ?

Décision : Relever le défi

Si un collègue ne fait pas son travail correctement, m'empêchant ainsi de faire le mien de manière efficace, je peux me sentir en droit de lui reprocher de manière agressive :

- A cause de toi, je n'ai pas pu prendre cette commande et je me demande si tu es à ta place ici ou si tu ne ferais pas mieux de prendre ta retraite anticipée !

Il est très désagréable de perdre une commande à cause d'un d'autre. Mais ma réaction n'est-elle pas le signe d'une résignation de ma part?

Je me résigne à avoir perdu cette commande et je me résigne à avoir de mauvaises relations avec cette personne qui n'aura donc pas envie de m'aider à prendre les commandes suivantes.

Quelle que soit ma déception d'avoir perdu cette commande, mon objectif est de prendre les suivantes et j'ai besoin que cette personne fasse son travail correctement à l'avenir pour y parvenir. Je ne dois donc pas me résigner à être déçu, je dois peut-être aller voir cette personne et la remercier de m'avoir permis de prendre toutes les commandes précédentes et je dois sans doute lui demander de continuer à m'aider en faisant particulièrement attention à ce qui m'a empêché de prendre la dernière. Sauf bien sûr, si je trouve utile que quelqu'un me fournisse une excuse pour ne pas atteindre mes objectifs... .

Charles était en négociation avec un client depuis plusieurs mois. L'affaire se présentait bien et le jour de la signature approchait. Il avait réussi à convaincre le prospect que son offre était la plus intéressante pour lui. Malheureusement, le responsable des achats quitta la société qui l'employait et fut remplacé par Jean qui entretenait des relations privilégiées avec le principal concurrent de Charles. Le Constat du changement fut brutal et il était évident que cela pouvait l'éloigner de manière définitive de son objectif. Charles aurait très bien pu baisser les bras en pestant contre le mauvais sort. S'il n'avait pas eu l'habitude de s'adapter aux changements et de chercher immédiatement la parade, il aurait probablement utilisé cet évènement comme une excellente excuse pour ne pas atteindre son but. Mais il avait un tempérament de battant et bien que n'aimant pas particulièrement ce genre d'imprévus, il les considérait toujours comme un défi à son savoir-faire et une occasion de rehausser son niveau de performance. La Question de savoir si cela l'éloignait de son objectif étant vite traitée, il se mit tout de suite au travail afin de Réfléchir aux possibilités qu'il avait d'inverser le processus. Il avait déjà rencontré Jean le nouvel acheteur mais n'avait jamais traité d'affaires avec lui. Il pensa s'adresser directement à son supérieur qu'il connaissait pour l'avoir rencontré pendant les négociations avec l'ancien acheteur, mais il jugea que ce serait le dernier recours car cela risquait d'indisposer Jean au point d'en faire son meilleur ennemi. Il jugea que son concurrent n'ayant pas travaillé sur le dossier, il lui faudrait au moins 1 mois pour faire une offre intéressante. Cela lui laissait 2 semaines pour tenter de reprendre l'avantage. Il Décida de réunir le plus d'informations possibles sur Jean et de se renseigner également sur les raisons du départ de l'ancien et sur ce qu'il était devenu.

Le contrat en jeu était de taille puisqu'il représentait 40% de l'objectif de Charles cette année-là. Il n'avait donc pas une minute à perdre en récriminations et il laissa ses autres projets en suspend pour se consacrer à 100% à celui-ci. Il appliqua le principe de focalisation maximum et permanente.

Il passa des dizaines de coups de téléphone afin de glaner toutes les informations disponibles en prenant soin de les vérifier à plusieurs reprises. Il déjeuna et dîna avec plusieurs personnes qui connaissaient Jean. Il retrouva la trace de l'ancien acheteur et reprit contact avec lui. Au bout de 10 jours, il en savait plus sur Jean que n'importe qui dans le marché mais il ne savait toujours pas comment le convaincre. Ses produits étaient semblables à ceux de son concurrent et la relation que ce dernier avait avec Jean lui donnait l'avantage. Mais puisque c'était son point faible, Charles décida qu'il remporterait le marché en battant son concurrent sur ce terrain là. Son objectif était de créer une relation de confiance avant même de faire son offre.

Charles avait rendez-vous à 10 heures du matin et Jean l'avait prévenu qu'il n'avait qu'une heure à lui consacrer. Ils se quittèrent 4 heures plus tard et Charles savait qu'il était très bien placé pour remporter l'affaire. Son patron, à qui il racontait cela de retour au bureau, lui demanda comment il pouvait en être sûr et comment il avait réussi ce coup de force :

- Je savais que mon concurrent connaissait l'acheteur depuis 3 ans, mais j'avais décidé que mes relations avec lui seraient de meilleure qualité, même s'il ne devait me consacrer qu'une heure comme il me l'avait annoncé.

- Comment pouviez-vous espérer réussir un tel exploit?

- Avant d'entrer dans son bureau, je connaissais son cv par cœur. Je savais que si je parlais tout de suite du marché, le relationnel ferait pencher la balance du mauvais côté. Je décidais donc de consacrer la totalité de l'heure promise à faire connaissance pour établir le meilleur contact possible. Je voulais convaincre Jean que je suis un très bon professionnel afin qu'il considère notre société comme un sérieux candidat. Je voulais également qu'il soit persuadé que je m'intéresse énormément à ce contrat et à lui-même.

- Et tout cela sans lui parler de notre offre?

- Si ma stratégie avait échoué, nous aurions parlé de notre offre et j'aurais risqué d'être éliminé rapidement. Ma seule vraie chance était d'établir une relation de confiance en un temps record avant de parler du contrat lui-même.

- Comment vous y êtes-vous pris ?

- Par mes questions précises sur son parcours professionnel et ses objectifs actuels, je lui ai montré que je m'étais déjà beaucoup intéressé à lui et que mon seul souci était de connaître et de comprendre parfaitement ses besoins et ses attentes. Je l'interrogeais sur lui, et je faisais passer un message très fort sur ma capacité à consacrer du temps à le "servir" correctement. Je ne lui parlais pas de moi, ni de ma société et de ses succès pour essayer de le convaincre que nous étions les meilleurs. Je l'interrogeais sur ses besoins et ses exigences. Quand il me posait une question sur nous, je répondais le plus brièvement possible et je relançais la conversation sur lui, son groupe et leurs projets.

- Mais un client a besoin de savoir ce que nous sommes capables de faire avant de nous accorder sa confiance.

- Certainement ! Notre chiffre d'affaires suffit à lui montrer que nous jouons dans la cour des grands. Mais ce n'est pas en lui racontant comment nous savons satisfaire ses concurrents que nous pouvons le convaincre. C'est en lui montrant que nous sommes totalement à son écoute et que nous le connaissons mieux que n'importe qui. C'est pour cela que ma connaissance avancée de son parcours professionnel et de sa société était importante.

- Il ne s'est pas senti espionné ?

- Non, parce que je me suis intéressé à lui de manière sincère et bienveillante avec un seul objectif : en savoir le plus possible de manière à me préparer le mieux possible à l'aider à atteindre son but.

- Et cela est suffisant pour lui donner envie de travailler avec vous?

- Cela lui a donné envie de me considérer comme un fournisseur potentiel sérieux.

- C'est une belle manipulation !

- Ce n'est pas de la manipulation. Jean avait besoin de savoir si je pouvais répondre à ses besoins. C'est ce que je lui ai prouvé en lui montrant que j'avais déjà une bonne connaissance de ceux-ci et en lui posant des questions pertinentes pour en apprendre encore plus. Je lui ai prouvé que j'étais un très bon professionnel à qui il pouvait donner sa confiance et en plus, en mettant en valeur son parcours professionnel sans flagornerie, je lui donnais envie de m'aider à atteindre mes objectifs. Je suis persuadé qu'il est absolument indispensable de s'intéresser aux individus de manière sincère et de les mettre en valeur pour leur donner envie à leur tour de vous aider à atteindre vos propres objectifs. C'est cette attention qui fait la différence.

- Espérons que vous avez raison et que cela marchera.

- En tout cas, je peux vous dire que je n'ai pas fini et que je vais maintenant confirmer nos offres et ajouter l'intérêt à l'envie.

- Que voulez-vous dire?

- Je veux dire que maintenant que Jean a vu que j'avais compris ses besoins et ses objectifs, je veux lui prouver par nos offres que travailler avec nous lui permettra de les atteindre.

Faciliter la relation à l'autre

Faciliter la relation à l'autre c'est créer un environnement agréable pour les autres et pour soi-même qui sera propice à l'exploitation accrue du potentiel de chacun. C'est "aller vers" l'autre pour faire plus en se sentant mieux ensemble.

Pour favoriser cela, il est nécessaire que l'entreprise soit organisée d'une manière adéquate avec:

- Une vision bien communiquée qui donne un but commun stimulant, voire exaltant si possible.
- Des objectifs clairs pour chaque salarié reliés à cette vision qui sert de fondement à la motivation de tous.
- Des instruments de mesure des résultats connus et bien communiqués.
- Une hiérarchie bien construite avec des managers solides.
- Des managers conscients de leur responsabilité vis à vis de leurs collaborateurs.
- Une communication élaborée comme un outil de progrès.
- Un management pédagogique.
- Une culture du travail en équipe.

Une telle organisation rend possible l'optimisation des potentiels individuels en faisant progresser en même temps, développements collectif et personnel. Les progrès du groupe permettront aux individus de s'entraider et de s'entraîner à adopter des pratiques efficaces pour eux et pour l'entreprise. Objectif : la rentabilité par le bien-être dans la rigueur.

Visualiser l'idéal

"Que vous pensiez être capable ou ne pas être capable, dans les deux cas, vous avez raison".
(Henri Ford)

Dans un tel environnement, une méthode qui permet de repousser les limites du possible pour chacun, consiste à se représenter individuellement et en groupe, le plus précisément possible, ce à quoi nous voulons arriver. Il s'agit là en fait de retravailler sans cesse la définition de ses objectifs en leur donnant une réalité la plus concrète et la plus motivante possible. Cette représentation du but ultime provoque la focalisation totale de chaque cellule de chaque individu et de l'ensemble de l'entreprise sur ce but.

Il est recommandé d'organiser des réunions de créativité autour de l'objectif de l'entreprise afin d'enrichir celui-ci des idées, des visions et des visualisations du plus grand nombre possible de membres de l'entreprise.

Il est très motivant, quand on est responsable d'une petite partie de la société, de pouvoir influencer la définition de la stratégie globale. Il ne faut pas tromper ceux qui participent à ce genre de travail en leur faisant croire que l'on tient compte de leurs remarques, sans rien en faire. Parce qu'alors l'effet est destructeur et le résultat est pire que si l'on n'avait rien fait. Ensuite, il faut communiquer en retour sur les choix qui ont été faits de manière à ce que personne n'ait l'impression d'avoir été inutile. Il faut reprendre les idées qui ont été émises et non retenues et expliquer pourquoi. Il faut faire de même avec les idées qui ont été intégrées au plan d'ensemble.

Il n'est pas gênant que le résultat soit différent de ce qui fut visualisé 5 ans auparavant. L'essentiel est que cette représentation du rêve collectif ait permis de progresser vite et bien grâce à la motivation extrême de chacun.

Le but à long terme devient très motivant puisque sa représentation concrète lui donne corps et le rend psychologiquement atteignable.

Chaque équipe se fixe ensuite des objectifs à plus court terme pour organiser son travail par étapes successives. Pour atteindre l'objectif commun dans 5 ans, il faut que notre équipe atteigne certains objectifs dans 4 ans, dans 3 ans, 2 ans, 1 an, 6 mois, 1 mois et la semaine prochaine.

Chercher à comprendre, refuser de juger

> *"Le peu que je sais, c'est à mon ignorance que je le dois".(Sacha Guitry)*

Un jugement est par définition hâtif car nous n'avons jamais connaissance de tous les éléments pour être certains de ne pas nous tromper et nous ne sommes jamais sûrs non plus, de les interpréter correctement. Celles et ceux qui ont participé à un jury de Cours d'Assise, savent qu'avoir à juger est très difficile. L'enjeu oblige à prendre toutes les précautions.

Cela étant, s'interdire de juger n'est pas s'interdire d'agir. Il suffit de se rappeler en toutes circonstances, que notre vision est partielle. Elle nous permet de prendre des décisions justes, en rapport à notre objectif, mais elle ne nous permet pas de juger l'autre. Nous pouvons donc "avoir raison" par rapport au but que nous nous sommes fixé, mais il nous est impossible d'avoir raison dans l'absolu. Et si nous voulons nous donner toutes les chances de progresser vers nos objectifs et leurs réalisations, il est recommandé de sans cesse chercher à comprendre, sans juger, ce qui motive le comportement des autres.

Si nous prenons notre interprétation des évènements pour la vérité et notre interprétation des choses pour la réalité, nous ne tenons pas compte du fait que ce en quoi nous croyons est essentiellement inconscient et provient d'expériences personnelles n'ayant aucune portée universelle. Quand on parle de "point de vue" on parle d' "opinion". En fait, le "point de vue" est la "situation géographique mentale" d'où l'on contemple une partie de la réalité. L'endroit où nous sommes détermine ce que nous voyons et conditionne en grande partie la manière dont nous interprétons ce que nous voyons. L'endroit est bien sûr géographique : selon que nous vivons en France ou en Chine, notre environnement est différent. L'endroit est aussi mental, intellectuel et émotionnel. Selon ce que nous sommes et nos expériences, nous voyons des choses différentes et nous les interprétons de manière différente.

Il est donc vain de juger l'autre car si le hasard

nous avait placé ailleurs, physiquement, intellectuellement et émotionnellement, notre "point de vue" serait différent et qui sait, nous aurions peut-être le même que celui de la personne que nous sommes en train de juger.

Il est intéressant et très utile de comprendre le "point de vue" de l'autre en essayant de le situer mentalement. Il ne s'agit toujours pas de juger, mais de comprendre ce qui à du sens pour l'autre, et ce qui est significatif pour un individu, c'est ce qui l'attire et ce qui le rebute. Je peux tenter de comprendre l'objectif de mon interlocuteur afin de mieux entendre ce qu'il me dit et mieux exprimer ce que je propose. Durant nos échanges, il interprétera ce que je dis pour savoir ce qui le rapprochera ou l'éloignera de son but qui peut être :
- L'autonomie, le leadership
- L'entente, la collaboration
- L'expression de sa personne
- La rigueur, l'organisation
- Le changement, la liberté
- Les responsabilités, l'harmonie
- L'analyse, la compréhension
- Le pouvoir
- L'ouverture aux autres, l'évasion

Tout comme il ne s'agit pas de juger, il ne s'agit pas non plus de transformer son discours pour manipuler l'autre. Il est utile et efficace dans les relations de travail entre autres, de multiplier les outils de compréhension de l'autre pour affiner notre interprétation et trouver les meilleurs accords.

Mettre en lumière ce qui fonctionne

On juge souvent les performances en mesurant la distance entre l'objectif visé et le résultat obtenu. Un bon exemple est la rémunération des salariés sur objectif. En début d'année, on décide que le chiffre d'affaires, par exemple, doit passer de 100 à 200. Le salaire variable à objectif atteint étant de € 1 000, on décide que si le chiffre est de 200, il recevra € 1 000, s'il est de 175 il recevra € 500 et s'il est de 150, il recevra €0. Le calcul de la rémunération est donc entièrement tourné vers les objectifs et pas vers les progrès réalisés. C'est à dire que parce qu'on a décidé que l'objectif serait de 200, une progression de 50% est considérée comme nulle. Cela est justifiable d'un certain point de vue mais dévalorise les efforts nécessaires pour passer de 100 à 150. En d'autres termes, cette approche met plus en lumière ce qui manque pour atteindre l'objectif que ce qui est a été fait pour atteindre le résultat. Comme cette mesure est utilisée toute l'année, avec la plupart du temps un rappel quotidien, elle a un impact très fort sur la manière dont les performances des salariés sont comprises par leurs managers et par eux-mêmes. Et cette manière peut être démotivante si l'objectif n'est pas atteint, même si les résultats sont en forte progression.

Il y a donc intérêt à utiliser un mode d'évaluation qui met en lumière les progrès plutôt que les manques. Cela n'empêche pas de gérer l'entreprise de manière financièrement saine en mesurant en permanence le retour sur investissement.

Communiquer l'encouragement

> *"Il faut rire avant d'être heureux, de peur de mourir sans avoir ri".* (Jean de La Bruyère)

Pour vraiment aider quelqu'un, un collaborateur, un patron ou un enfant, il faut l'aider à puiser dans ses ressources en le sollicitant de manière encourageante. Il faut lui donner l'envie de bien faire, d'accéder à notre demande tout en lui laissant la possibilité de choisir. Il faut lui demander de l'aide en lui laissant la possibilité de ne pas nous l'accorder. Faire appel à ses compétences en les valorisant mais sans contrainte. Si, grâce à notre manière de demander, notre interlocuteur fait le choix de nous aider, son action sera nettement plus efficace que si nous l'avons contraint par une motivation négative telle que la crainte.

Le sourire est notre premier argument. Il est difficile de dire non à quelqu'un qui nous demande de l'aide avec le sourire. Et si cette aide nous est refusée malgré tout, gardons le sourire, car si nous laissons à notre interlocuteur la liberté de refuser sans exercer de pression morale, nous obtiendrons beaucoup plus facilement son soutien une prochaine fois.

Sourire en face de notre interlocuteur, mais aussi par téléphone et également par e-mail. Etablir un contact chaleureux et valorisant pour notre interlocuteur en prononçant souvent son nom, de manière sincère. Cela n'est pas de la manipulation ou une tromperie, car si nous ne sommes pas sincères, cela s'entend et les effets sont contraires à ceux escomptés.

Complimenter nos interlocuteurs en mettant en valeur leurs qualités et en les remerciant pour l'aide qu'ils nous apportent. Le compliment est une arme puissante pour remonter le moral des nos interlocuteurs. Il est également très utile pour les mettre dans de bonnes dispositions de collaboration. "Apprenez que tout flatteur vit au dépend de celui qui l'écoute" disait Jean de la Fontaine. Il aurait pu dire que nous dépendons tous les uns des autres, et qu'il est utile et efficace de faire du bien aux autres, à condition que cela ne soit pas pour leur prendre leur fromage. Qualifier le bien d'utile et d'efficace surprend car le bien est généralement associé à la gratuité et au désintéressement. Et pourtant, si notre objectif est de vivre le bien-être, complimenter les autres est très efficace, car cela les prédispose à la bienveillance vis à vis de nous-même. Une grande partie du bien-être venant des relations harmonieuses que nous pouvons entretenir avec nos proches et nos collègues de travail, les compliments bien intentionnés sont très efficaces.

Il ne s'agit pas pour autant de passer sous silence les difficultés et de croire à tout prix que tout est matière à compliments. Mais s'il faut critiquer une partie du travail d'un collaborateur ou d'un collègue, il est utile de le mettre d'abord en situation d'écoute attentive en soulignant ce qui mérite louange. En effet, il est très frustrant pour la personne critiquée, de voir l'évaluation de son travail ne prendre en compte que la partie la moins satisfaisante.

Faire des compliments et féliciter est souvent associé à d'autres types de craintes. Celle par exemple de rendre l'interlocuteur satisfait de son travail et de le voir s'endormir sur ses lauriers. Je pense que le compliment n'endort pas, bien au contraire, il réveille la confiance en soi et l'envie de bien faire. Le compliment prodigué à tord risque de donner à son bénéficiaire l'envie de développer une stratégie mensongère, mais les félicitations méritées l'encourageront bien mieux que n'importe quel "coup de fouet".

Une autre crainte est celle de rendre le complimenté imbu de sa personne. Eviter ce piège nécessite que les compliments soient faits à bon escient et qu'ils n'occultent pas les critiques si elles sont nécessaires. Bien complimenter rend fier et performant, trop complimenter rend arrogant.

Le manque d'attention se remarque souvent dans deux petits travers fort répandus :

Le premier consiste à dire bonjour en demandant à l'autre comment il va, de manière très distraite et sans écouter la réponse.

Le deuxième est de s'intéresser suffisamment à l'autre pour remarquer qu'il ne va pas très bien, et de le lui dire. "Tu as mauvaise mine aujourd'hui" peut donner l'impression que l'on est proche de l'autre, mais cela a sur lui un effet dévitalisant.

Les entretiens annuels sont un temps fort dans la vie des entreprises qui les pratiquent. L'objectif de ces entretiens est :

- d'amener les managers à faire le point avec leurs

équipiers sur le travail de l'année écoulée.

- de se mettre d'accord sur ce qui a bien fonctionné et sur ce qui peut être amélioré au cours des 12 mois suivants.

- de donner l'envie à ses collaborateurs de repousser leurs limites, de se dépasser.

Il s'agit bien de se mettre d'accord et non pas d'imposer au collaborateur un jugement sur ses performances et sur lui-même qu'il ne partage pas. Un tel jugement, même s'il est juste et justifié, n'a aucun intérêt si le collaborateur ne l'accepte pas. Il s'agit de lui donner envie d'améliorer ses performances en l'aidant à se poser les bonnes questions et à trouver lui-même les réponses appropriées, celles avec lesquelles il recommencera une année, conscient de la nécessité et confiant dans sa capacité à aller plus loin.

Admettre ses insuffisances professionnelles n'est jamais facile. Or si elles ne sont pas admises, la prise de conscience nécessaire au changement n'a pas lieu. Le compteur du potentiel de l'individu reste bloqué au même endroit, voire même en dessous. Pour arriver à un accord avec le collaborateur sur ses points forts et ses points faibles, il est nécessaire d'avoir un échange de très grande qualité. Le manager doit avoir une très bonne connaissance de la personne en face de lui et de la manière dont elle a fonctionné pendant les 12 derniers mois. Cela ne s'improvise pas. Cela nécessite que le manager soit en permanence très proche de ses équipiers. C'est à cette seule condition que l'analyse des faiblesses peut donner lieu à un encouragement à l'amélioration. Toute autre approche ressemblant de près ou de loin à une critique unilatérale ne peut que générer frustration et ressentiment, ce qui est totalement contraire à l'objectif d'un leader. Le travail dans l'urgence ou le trop grand nombre de personnes à manager pousse souvent les managers à ne pas consacrer suffisamment de temps aux entretiens annuels. C'est un exercice de motivation qui mérite pourtant beaucoup de soin, car bien fait, il améliore considérablement les résultats de l'entreprise.

S'entretenir

Pour entretenir de bonnes relations avec les autres, il faut entretenir de bonnes relations avec soi-même. Tout ce qui nous empêche de fonctionner correctement est un défi à notre capacité à nous entendre avec nous-même et les autres.

En dehors de tout jugement de valeur, l'abus de nourriture qui fatigue notre organisme parce que difficilement assimilée, l'abus de tabac ou de café qui nous rend nerveux et détériore nos organes, le manque d'exercice qui vieillit prématurément notre corps, tout ceci entame notre estime de nous-même et diminue nos performances au-delà de leur effet direct sur le fonctionnement de notre organisme.

Il n'est pas facile de changer des comportements excessifs, mais il est bon de mettre ce changement au programme de nos objectifs prioritaires, car il nous faut être logique avec nous-même.

Si nous n'agissons pas sur nous-même pour mettre en phase nos désirs profonds avec nos actes, nous créons un contexte d'échec qui favorise tous les autres.

Je sais que fumer tue des milliers de personnes par an de manière lente et dégradante. Si j'ai en moi le désir de vivre en bonne santé et le plus longtemps possible, il serait logique que j'arrête de fumer. Si je n'ai pas ce désir, alors il est normal que je continue. Mais si je me prouve chaque jour en fumant, que je ne suis pas capable de faire ce que je sais être indispensable pour atteindre mon objectif de bonne santé, alors je serai enclin à renoncer à beaucoup d'autres objectifs. Que je me sente responsable ou que j'en rende responsable quelqu'un d'autre ne change rien au fait que je me disqualifie en tant que personne capable d'avoir des objectifs et de les atteindre.

Parmi les nombreuses façons de retrouver l'équilibre si facile à perdre, celui que je préfère est la relaxation avec des exercices de respiration consciente. Il existe de nombreuses méthodes et je conçois que pour d'autres un sport plus énergique soit plus approprié. La respiration consciente apporte un calme en profondeur qui fait reculer les peurs, ce qui permet de supprimer les besoins de compensation, tels que le tabac, l'alcool ou la nourriture, plutôt que de devoir s'imposer une privation.

La respiration consciente est aussi une excellente façon de reprendre contact avec un mode de bien-être physique et mental. Quelle part de votre journée passez-vous à ne respirer qu'avec 10 à 20% de vos poumons? 80% du temps? Maintenant que vous avez répondu à cette question, arrêtez-vous de lire un moment et respirez plus tranquillement, sans forcer. Surtout ne forcez pas pour ne pas provoquer d'étourdissement.

Avez-vous senti le bien-être de la détente? Le gonflement de vos poumons a dégagé le plexus et étiré le diaphragme. Il a probablement provoqué un redressement de votre buste et soulagé la colonne vertébrale jusqu'à la nuque. Un apport supplémentaire d'oxygène a peut-être déjà amené une revitalisation de votre système circulatoire.

Vous connaissez la règle du 20/80 dans les affaires qui veut que très souvent 20% des ressources génèrent 80% des résultats, comme souvent 20% des produits procurent 80% du chiffre d'affaires. Il semble malheureusement que cette règle s'applique aussi à notre respiration. Imaginez qu'au lieu de respirer avec 20% de vos poumons pendant 80% du temps, vous respiriez avec 80% de vos poumons tout le temps? Vous pourriez changer votre existence de façon incroyable. Difficile? Pas autant que vous le pensez. Il faut simplement trouver un moyen de s'en souvenir à intervalles réguliers, jusqu'à ce que cela soit devenu un réflexe.

Si vous travaillez sur ordinateur, programmez un rappel toutes les 5 minutes. Si vous conduisez, utilisez les coups de klaxons ou bien les feux de stop des véhicules devant vous, ou encore les feux tricolores comme déclencheurs de respirations profondes.

<u>Joignez l'utile à l'agréable</u>

Dans les pages précédentes, nous avons vu qu'il est très utile de poser des questions, mais que notre penchant naturel nous amène à répondre presque toujours trop rapidement.

Nous venons de constater qu'il est très agréable de vivre en respirant plus calmement et profondément.

Je vous propose de joindre l'utile à l'agréable en prenant toute question ou toute affirmation non fondée comme un signal pour procéder à une respiration profonde. Au lieu de répondre immédiatement, prenez le temps d'une inspiration plus longue et d'une expiration plus lente.

Au début, vous trouverez la durée de cette respiration terriblement longue, et vous craindrez d'indisposer votre interlocuteur.

Testez la méthode en prenant soin de regarder l'autre dans les yeux pendant le temps de la respiration. Vous constaterez une ou plusieurs des conséquences suivantes :

- Tous les effets bienfaisants de la respiration profonde évoqués plus haut, éclairciront votre pensée et vous rendront plus précis dans votre communication. Cette pratique répétée vous fera bénéficier d'une récupération d'énergie tout au long de la journée et vous serez plus efficace plus longtemps.

- Si votre interlocuteur ne s'intéresse pas à votre opinion, il recommencera à parler avant que vous ayez "eu le temps de souffler". Si vous avez pris soin de le regarder dans les yeux, votre silence aura créé un vide qui lui fera prendre conscience qu'il ne dialogue pas, parce qu'il ne vous laisse pas la parole.

- Si votre interlocuteur s'intéresse à votre opinion, le silence, votre respiration profonde et votre regard augmenteront la qualité de son écoute. Comme par ailleurs, votre réponse sera mieux réfléchie, l'échange sera beaucoup plus productif.

- Si vous répondez à une personne qui n'écoute pas, vous lui offrez l'illusion du dialogue qui la conforte dans son comportement néfaste pour la vie et le travail en groupe.

- Il est souvent plus utile de poser une question que d'imposer son avis. Le temps de la respiration silencieuse vous permettra de décider ce qui convient le mieux.

Prendre le temps de bien communiquer

> *On ne voit bien qu'avec le cœur ; l'essentiel est invisible pour les yeux".*
> *(Saint Exupéry)*

Bien communiquer prend du temps pour comprendre les mots de l'autre en allant au-delà de ceux-ci. Nous avons tous des "points de vue" différents, c'est à dire des endroits d'où nous contemplons une partie en croyant que c'est le tout.

Cela prend du temps de découvrir à partir de quel endroit l'autre s'exprime et d'en faire le tour pour tenter de mieux le connaître. Il faut quitter son propre "point de vue" pour cesser de juger l'autre en fonction de ses propres critères, de sa propre expérience et aller se placer à l'endroit d'où il voit le monde. C'est un travail d'enquêteur. Comprendre l'autre ne signifie pas adopter son opinion, mais plutôt baliser l'espace entre les deux pour permettre les rapprochements.

Tout cela reste bien vague et peu exploitable dans les relations de travail qui demandent efficacité et rapidité. Cependant entre l'exploration sans fin et peu productive et le manque total de communication et de compréhension mutuelle, il y a un moyen terme.

Constat : La plupart des échanges sont construit sur le schéma suivant:

2 interlocuteurs "A" et "B" avec chacun ses opinions et l'envie d'avoir raison

- "A" avance un argument
- "B" l'écoute suffisamment pour juger ce qu'il dit avec ses propres références et trouver le moment adéquat pour l'interrompre et développer son contre argument
- "A" écoute à peine le contre argument et s'appuie sur une compréhension partielle et très imparfaite de celui-ci pour reprendre la parole, détourner les derniers mots de "B" et revenir à son idée de départ.
- Et ainsi de suite jusqu'à ce que l'un des deux pense avoir gagné la joute verbale, alors qu'en fait l'autre n'arrête que par lassitude.

Question : Est-ce que "A" et "B" se sont rapprochés de leur objectif? Si celui-ci était de convaincre l'autre, la réponse est : non, très peu, voire pas du tout. Si, en revanche, l'objectif était d'exprimer son point de vue, sans aucune recherche de rapprochement de celui-ci avec celui de l'autre, alors la réponse est : oui. Après tout, on peut très bien concevoir que le plaisir de s'exprimer sans aucune autre utilité que de se rassurer soi-même sur le bien-fondé de ses propres positions suffit.

Néanmoins, cela n'est pas suffisamment efficace dans le contexte d'un travail en groupe

Réflexion : Comment pratiquer les échanges avec les membres du groupe pour en faire des exercices qui rapprochent chacun de son objectif? Si nous pensons qu'un membre du groupe fait fausse route, est-ce que le lui dire et se battre pour prouver que nous avons raison est efficace ? Est-ce que le désir d'avoir raison est "rapprochant"?

Si nous imposons notre façon de voir les choses, nous déclenchons souvent une réaction de défense en opposition à nos idées. Au mieux, nous suscitons un comportement d'acceptation passive.

Mais si nous questionnons l'autre sur les raisons de sa démarche, alors nous l'obligeons à réfléchir à ce qu'il fait pour qu'il se rende compte s'il avance vers son objectif ou s'il s'en éloigne. Poursuivre le questionnement autant que nécessaire amène l'autre à prendre conscience des avantages et des inconvénients de son comportement et à en tirer lui-même les conclusions de manière beaucoup plus utile que si nous lui fournissons ces conclusions nous-même dès le début de l'échange.

En d'autres termes, si nous ne sommes pas d'accord avec quelqu'un, demandons-lui de nous expliquer et continuons à poser nos questions jusqu'à ce qu'une des deux choses suivantes se soit passée :

- Soit nous avons compris et nous sommes d'accord avec ce qu'il fait.

- Soit il n'a pas pu justifier son action par rapport à ses objectifs et il en a tiré lui-même les conséquences.

La capacité de notre interlocuteur à prendre conscience des changements nécessaires dépend de la qualité des questions que nous lui posons.

Toute prise de conscience que nous aidons à faire est un progrès irréversible pour notre interlocuteur. Son action peut ne pas être modifiée en conséquence totalement et tout de suite, mais la prise de conscience qui est la condition indispensable pour qu'il y ait changement est faite. Si nous posons les bonnes questions, les choses peuvent changer très vite vers plus d'efficacité.

Pour pratiquer cet art, il faut être curieux de tout et désireux d'apprendre un peu plus chaque jour.

Décision : Damien avait cette curiosité. Il était responsable d'une équipe de commerciaux qui visitaient les clients chaque jour et se retrouvaient autour de lui une fois par semaine pour faire le point. Damien commençait toujours ces réunions en posant la même question :

- Qu'allez-vous m'apprendre aujourd'hui?

Ses équipiers savaient que c'était la première d'une longue série de questions très pertinentes qui les obligeaient à connaître leur sujet à la perfection et à rendre compte de la manière dont ils avaient mis à profit les 5 derniers jours pour atteindre leurs objectifs.

Il était inutile d'espérer échapper aux questions de Damien et l'éventuel manque de professionnalisme dans le comportement d'un collaborateur était vite démasqué.

Damien considérait que son rôle n'était pas d'apporter les réponses, mais de poser les bonnes questions. Sa force était de connaître le métier mieux que ses équipiers et donc de continuer à poser des questions tant qu'il n'avait pas eu des réponses efficaces par rapport aux objectifs. Son autre force était son réel désir de remettre en question ce qu'il savait en écoutant ses interlocuteurs avec grande attention pour vraiment saisir chaque opportunité d'apprendre quelque chose de nouveau, de voir sous un nouvel angle ce qu'il savait déjà.

Avec ce traitement là, son équipe devenait vite efficace et autonome et les réunions ne duraient jamais trop longtemps. De temps en temps, un membre de l'équipe avait besoin d'un soutien plus fort et Damien le revoyait en particulier pour creuser un peu plus les sujets mal maîtrisés.

Tous en ressortaient psychiquement forts et avec une motivation revitalisée pour deux raisons: premièrement d'avoir été écouté avec attention et intérêt et deuxièmement de partir mettre en œuvre des plans élaborés par eux-mêmes avec les encouragements de leur manager.

Si le chef de l'équipe se contente de faire des commentaires sur le travail effectué par chacun et des recommandations pour la semaine à venir, l'information passe mais l'implication et la motivation sont loin d'être aussi fortes qu'elles le devraient.

La question de Damien est apparentée à celle qui revient souvent dans les premières secondes de beaucoup de rencontres :
- Salut, quoi de neuf?
Ou bien encore :
- Bonjour, quelles sont les nouvelles?
Mais la manière dont Damien pose sa question et écoute la réponse encourage ses équipiers à se surpasser.

Damien me confia un jour :
- Il faut décider une fois pour toutes que ce que l'on sait n'est pas important. Tout d'abord, la somme de nos connaissances reste modeste par rapport à ce que nous ignorons et ensuite, ce n'est pas ce que nous savons qui aide les autres à prendre les bonnes décisions, c'est ce que nous les aidons à découvrir par eux-mêmes. Le jour où j'ai compris cela, j'ai cessé de vouloir donner des leçons aux autres. Depuis, je suis beaucoup plus efficace dans mon rôle de manager, de coach et de préparateur mental, et en plus, comme je pose toujours beaucoup de questions, je continue à apprendre énormément de choses.

Arrêter de se plaindre

"L'amertume vient presque toujours de ne pas recevoir un peu plus que ce que l'on donne". (Paul Valery)

Bertrand me confia un jour qu'il avait eu une de ses plus grandes révélations quand il avait pris conscience qu'il ne cessait de se plaindre que son entourage se plaignait trop.
- Tu vas me dire que c'est trop idiot pour que je ne m'en sois pas rendu compte plus vite. Et tu as raison. J'ai passé si longtemps à me mettre en colère quand quelqu'un se mettait en colère, à faire la tête quand quelqu'un faisait la tête, à bouder quand quelqu'un boudait, et ainsi de suite pendant des années.
- Tu noircis le tableau…

- C'est pourtant ce que j'ai fait, mais je ne m'arrêtais pas à cela. Pendant toutes ces années, dès que quelque chose ou quelqu'un me résistait, même calmement, devine comment je réagissais !

- Tu te mettais en colère?

- Gagné ! Et ensuite, j'allais rebattre les oreilles de mes collègues en leur racontant ce qui me contrariait afin qu'ils me rassurent et me donnent raison. Quel gaspillage de temps et d'énergie !

- Comment as-tu pris conscience de tout cela?

- A dire vrai, je ne sais pas trop. Toujours est-il qu'un jour, cela m'est apparu comme une évidence et je n'en suis pas revenu de constater à quel point j'avais été l'esclave ces émotions.

- Toi, si intelligent ! J'ai du mal à y croire.

- Je te remercie, mais c'est très subjectif et je n'en suis pas si sûr. Et puis, on peut avoir un QI élevé et faire preuve d'une grande stupidité dans ses rapports avec les autres. Je ne sais pas pourquoi et je n'ai pas tenté d'analyser les causes, mais je peux te dire que cela m'a enlevé beaucoup d'efficacité dans ma vie professionnelle, pour ne parler que d'elle. Je revois certains épisodes et je me rends compte que mes réactions étaient vraiment inadaptées.

- Des regrets?

- J'aurais préféré mieux vivre certaines rencontres, mais je n'ai pas de regrets. Je suis trop heureux d'avoir pris conscience du phénomène et de pouvoir être cent fois plus efficace aujourd'hui que je ne l'ai jamais été. En fait, je regrette d'avoir gâché des moments de bien-être à cause de mes comportements agressifs, mais je suis heureux d'être émotionnellement beaucoup plus équilibré maintenant qu'avant.

- Comment cela se passe maintenant quand tu as à faire face à une situation qui te gêne?

- Je suis beaucoup plus calme parce que je sais que j'ai plus de pouvoir sur les évènements grâce à ma capacité à établir une bonne communication avec les autres.

- Comment fais-tu?

- Je ne fais plus de reproches. Je ne me plains plus de leurs comportements. Je ne me mets plus en colère parce que l'autre ne fait pas ou ne pense pas spontanément ce que j'attends de lui. En fait, j'accepte ce que l'autre pense et je le lui dis. Je lui dis qu'il a probablement raison de réagir comme il le fait, compte tenu de ses circonstances. En même temps, je l'interroge sur son objectif pour qu'il vérifie si son comportement actuel l'en rapproche. Je lui indique, si c'est le cas, que son attitude m'empêche de me rapprocher de mon propre objectif.

- Tu peux me donner un exemple?

- L'autre jour, un collègue m'a reproché de manière agressive et à tord, de l'avoir fait passer pour incompétent lors d'une réunion avec notre patron. Je te passe les détails de l'affaire, mais crois-moi, son interprétation de l'incident était vraiment exagérée.

- Je te crois

- Auparavant, j'aurais réagi de manière brusque et j'aurais prouvé à mon collègue qu'il avait tord. Il aurait capitulé, car c'était vraiment le cas, mais il m'en aurait voulu et je l'aurais retrouvé sans cesse en travers de ma route.

- Qu'as-tu fait cette fois-là ?

- Je lui ai d'abord calmement demandé de me

préciser ce qu'il me reprochait. Cela l'obligeait à exposer ses idées de manière un peu plus rationnelle. Comme je l'écoutais attentif et détendu, son agressivité avait déjà un peu diminué. Quand il termina, je lui dis que je comprenais ses réactions et que dans sa position, j'aurais probablement réagi de la même manière. Cela l'aida à se détendre encore un peu plus mais je n'essayais pas de le contredire, car je le sentais encore trop tendu. Je lui demandais alors de m'expliquer ce qu'il aurait souhaité que je dise à notre patron lors de la réunion, compte tenu de notre objectif.

- Pourquoi cette question ?

- Pour le faire quitter momentanément son "point de vue" et l'amener à comprendre le mien qui était entièrement tourné vers notre objectif.

- Et cela a marché?

- Cela n'a pas été immédiat, mais il s'est rendu compte que je n'avais pas cherché à lui nuire. C'est lui, en adoptant un comportement contraire à nos objectifs, qui s'était mis dans une situation difficile. Le fait que je ne lui reproche pas, lui a permis de quitter son "point de vue" d'homme en colère, pour se rendre compte qu'il était à l'origine des désagréments dont il voulait me rendre responsable.

- Et comment cela s'est-il terminé?

- Il n'était pas content, mais suffisamment honnête pour cesser ses reproches. Quand je l'ai revu, une heure après, il admit s'être trompé sur mes intentions et me pria de l'excuser. Et ce fut pour moi, une énorme satisfaction. Non pas d'avoir eu raison, mais de ne pas avoir utilisé le fait que j'avais raison pour m'imposer par la force. Je pouvais le faire, mais j'aurais alimenté un conflit qui m'aurait éloigné de mon objectif.

- Et de quel objectif s'agit-il cette fois-ci ?

- Entretenir des rapports de collaboration efficace et agréable avec les membres de notre groupe.

- Il doit falloir beaucoup de patience.

- Pas vraiment, parce que j'ai l'impression d'avoir désactivé une mécanique infernale. Garder mon calme est devenu aussi automatique que le perdre l'était auparavant.

- Tu ne cherches plus à convaincre les autres ?

- Si, mais je ne cherche plus à les contraindre ou à les changer. Disons que j'essaye de les aider à utiliser ce qu'il y a de meilleur en eux pour trouver ce qu'il y a de meilleur pour eux.

- Belle formule !

- Tu vois, avant, je savais ce que l'autre devait faire et dire. J'étais persuadé que je détenais les clés, que mes réponses étaient les bonnes. Donc, dès que quelqu'un agissait différemment, j'en concluais immédiatement qu'il avait tord. Et j'étais tellement persuadé d'avoir raison que tout autre solution signifiait automatiquement que je n'atteindrais pas mes objectifs. Donc quelqu'un ne faisant pas ce que j'attendais de lui m'apparaissait comme dangereux.

- Ce qui explique tes réactions brutales !

- Exactement ! Tout ce qui ne rentrait pas dans ma manière de voir et de faire les choses me faisait peur. Et cela allait très loin. Je me souviens avoir reproché à un collègue la manière dont il se coiffait parce que j'étais persuadé qu'il serait mal perçu en clientèle et qu'il nous ferait perdre des commandes.

- Il avait les cheveux rouges?

- Non, même pas ! Il était juste un peu ébouriffé.
- Cela a dû être difficile de travailler avec toi !
- Je suppose que cela fut plus difficile pour certains que pour d'autres. Je pense que ceux qui avaient vraiment envie de prendre des initiatives et de chercher de nouvelles méthodes devaient trouver mon attitude très frustrante. Le pire, tu vois, c'est que j'ai probablement empêché plusieurs personnes de progresser parce que je tuais dans l'œuf la spontanéité et la créativité de mes collaborateurs.
- Et maintenant, tu acceptes tout et n'importe quoi ?
- Non bien sûr, mais je laisse à chacun sa liberté dans le cadre de sa mission dont nous discutons très régulièrement. Je suis là pour aider à réfléchir ou provoquer la réflexion. J'utilise la méthode Constat, Question, Réflexion, Décision, et c'est moi, dans la plupart des cas, qui provoque le Constat par les questions que je pose. Ensuite je pose d'autres questions pour aider mes collaborateurs à poursuivre le processus jusqu'à la prise de décision.
- Et grâce à cela, vous finissez toujours par être d'accord.
- Non, bien sûr, mais comme je m'attache à être le plus objectif possible pour nous permettre de tout évaluer par rapport à nos buts, nous arrivons à harmoniser nos points de vue assez facilement. De plus, quand je pose des questions, j'écoute attentivement les réponses et il n'est pas rare que je modifie mon point de vue pendant ces échanges. Donc l'exercice n'est pas simplement un tour de passe-passe pour amener mes équipiers à adopter mes idées.
- Et si l'un d'entre eux est vraiment "à côté de la plaque"?
- Alors je ne me plains plus de son attitude ou de

ses erreurs, mais je l'aide à progresser.

- Et si cette personne ne progresse pas?

- Alors j'étudie avec elle la possibilité de trouver une autre mission qui lui conviendrait mieux. S'il n'y en a pas, nous réfléchissons ensemble à ce que cette personne pourrait faire ailleurs que dans mon équipe. Il n'est pas nécessaire de précipiter les décisions et cela n'est pas du tout souhaitable quand la carrière de quelqu'un est en jeu. Il faut cependant s'occuper de la question. On fait du tord à un salarié en le privant brutalement de son travail, mais on ne lui rend pas service en le laissant à un poste où il n'est pas performant, sans rechercher avec lui les solutions. Dans un premier temps, il faut l'aider à trouver comment devenir performant, et si cela n'est pas suffisant, il faut l'aider à trouver une solution ailleurs dans l'entreprise ou à l'extérieur de l'entreprise.

- Cela prend du temps

- Bien sûr, mais je pense que cela fait partie de ma responsabilité d'aider mes équipiers à donner le meilleur d'eux-mêmes dans le cadre de leur mission. C'est la meilleure définition du management que je connaisse. De plus, cette méthode donne confiance à tous dans l'entreprise. Personne n'est dispensé d'atteindre ses objectifs mais tous savent qu'ils auront les rappels nécessaires mais aussi l'aide en cas de défaillance. Il n'y a donc pas de couperet prêt à tomber mais des points de passage obligés et balisés.

Parler vrai

> *"Aucun homme n'a suffi-samment bonne mémoire pour faire carrière dans le mensonge."(Abraham Lincoln)*

Jacques me confia que lorsqu'il était étudiant, il avait assez peu confiance en lui. Ses craintes étaient plus fortes que ses espoirs et il travaillait plus pour éviter de manquer que pour réaliser ses rêves. D'ailleurs, il n'avait pas de rêves, tant son horizon était obscurci par ses peurs.

- Tu vois, quand je repense à cette période de ma vie, je me rends compte que j'étais handicapé par la peur, mais je n'en avais pas conscience. Je ne me disais pas que j'avais peur, je pensais que la vie était difficile.

- Et qu'est-ce qui a changé depuis?

- Essentiellement ma manière d'interpréter. Je n'aborde plus les problèmes en jaugeant le niveau de difficulté, mais en évaluant mon degré de crainte face à eux.

- C'est à dire?

- Pour simplifier, je dirais que je ne me demande plus si quelque chose est difficile à réaliser, mais pourquoi cela me fait peur.

- Et cela te facilite la vie

- Oui, parce que les éléments ne sont plus "contre moi". C'est moi qui décide inconsciemment ce que je suis capable de faire. Et en prenant conscience de ce que je crains, je peux reculer mes limites pour donner plus de place à mes rêves.

- Nous évoquions le "parler vrai". Quel est le rapport?

- Quand je me suis rendu compte de ce

phénomène, j'ai pu commencer à me "parler vrai" à moi-même. Je pouvais cesser de me raconter une histoire pour me faire croire que ce n'était pas moi qui était en cause, que c'était la vie qui était difficile.

- C'est ce que tu te disais auparavant?
- C'est ce que je croyais et cela entretenait mes craintes. Et pour me rassurer, parce qu'il faut bien s'aménager un espace vivable, je faisais croire aux autres que je "maîtrisais la situation".
- Compliqué non?
- Je résume : Je croyais que tout était difficile. Cela me faisait peur. Pour atténuer mes craintes je jouais un rôle qui consistait à faire croire aux autres que je n'avais pas peur. L'inconvénient, c'est que cela marchait avec les autres mais pas avec moi-même. En clair, je racontais des histoires, je ne parlais pas vrai, je présentais une image de moi qui était décalée.
- C'est peut-être ce qui t'a permis de réussir ?
- Peut-être, mais en entretenant des rapports faux avec les autres, j'entretenais des relations mensongères avec moi-même à propos de moi-même. Ce faisant, je retardais les prises de conscience indispensables aux changements, au progrès, au "développement personnel". Plusieurs fois, des collègues m'ont dit m'envier parce qu'ils pensaient que j'étais zen. Ces réflexions m'ont beaucoup aidé, parce qu'elles mettaient en évidence le jeu des apparences auquel je me livrais. Je prenais conscience que l'image que je donnais de moi-même était très différente de ce que j'étais réellement. Donc tu vois, je ne juge pas le mensonge par principe, je dis que le mensonge aux autres et à soi-même nous empêche d'être efficace parce qu'il nous éloigne de

notre objectif de bien-être, notre objectif d'être nous-même. C'est en ce sens que je recommande le "parler vrai" avec soi-même et avec les autres.

- Tu conseilles de dire aux autres ce que l'on pense d'eux ?

- Ce que l'on pense de quelqu'un est tout à fait discutable et peut blesser. Ce que je recommande, c'est de communiquer sincèrement ce que l'on ressent face au comportement de l'autre afin de l'amener à y réfléchir.

- Donne-moi un exemple.

- Si je te dis que tu me parles de manière agressive, tu vas le nier et nous ne serons jamais d'accord sur ce point. Si je te dis que je me suis senti agressé quand tu m'as parlé, tu pourras me dire que tu ne m'as pas agressé, mais tu ne pourras pas contester ce que j'ai ressenti. Je ne t'accuse pas et tu n'as pas besoin de te défendre. Je te signale simplement ce que je ressens et comme je le fais sans te le reprocher, je t'invite à réfléchir en considérant mon point de vue. Mon objectif est que tu te rapproches de mon point de vue et en te "parlant vrai", j'atteins mon objectif. Plutôt que te dire "j'ai raison" et "tu as tord", je te dis "voici comment j'interprète la situation" et "pouvons-nous faire se rapprocher nos interprétations ?".

- Je comprends, et tu penses que nous pouvons passer notre temps à communiquer nos ressentis dans le cadre du travail?

- Il ne s'agit pas de s'asseoir et de se mettre à pleurer. Il s'agit de nous faire comprendre mutuellement comment nous interprétons les situations, les problèmes et les solutions afin de favoriser les rapprochements. Il faut cesser d'imposer notre interprétation aux autres comme étant la seule possible. Il s'agit d'expliquer comment nous comprenons la situation et ce que nous proposons afin de donner envie aux autres de tenir compte notre point de vue sans que cela les oblige à nier leur propre interprétation et leur ressenti. De cette manière, nous faisons appel et nous mobilisons les bonnes volontés d'individus qui nous suivent librement. Dans l'entreprise, ces individus nous aident à atteindre nos objectifs parce que nous leur laissons le choix. Cela accroît leur motivation et leur permet de fonctionner avec autonomie.

- Le temps que cela prend n'est-il pas contraire au besoin d'efficacité ?

- Bien sûr, donner un ordre sans discussion est plus rapide. Mais ce que tu gagnes en économisant du temps à ce stade est largement perdu par la suite, parce que tes équipiers ne sont pas suffisamment autonomes et motivés.

- Crois-tu que ce que tu conseilles peut être valable pour moi en toutes circonstances ?

- Quel est ton objectif ?...

Construire sa relation aux autres les yeux ouverts

Nos relations aux autres comportent les trois éléments suivants :

- Notre objectif, ce que nous voulons obtenir de l'autre.
- Notre stratégie pour y parvenir.
- Nos moyens de communication.

Cela ne veut pas dire que nous n'avons de rapports aux autres que pour leur prendre quelque chose. Cependant, même si nous donnons aux autres, il nous faut obtenir d'eux qu'ils acceptent ce que nous leur offrons.

La relation est saine, harmonieuse et efficace quand ces 3 éléments sont élaborés consciemment de part et d'autre. La relation est complexe, génératrice de conflits et peu efficace quand les parties en présence n'ont pas conscience de la manière dont ces 3 éléments sont développés.

Le progrès vers plus d'efficacité, d'harmonie et de bien-être dans nos relations aux autres, dépend d'une prise de conscience par chacun :
- de ses attentes inconscientes face aux autres.
- de la manière dont il organise sa demande.
- des façons dont il l'exprime.

Cette prise de conscience permet à chacun:
- de choisir ses objectifs consciemment, les yeux ouverts.
- de négocier la meilleure manière de les atteindre ensemble.
- d'adopter le mode de communication le plus judicieux.

Ceci permet d'éviter :
- de poursuivre inconsciemment des objectifs contraires à ses intérêts et à ceux du groupe.
- d'utiliser des stratégies de manipulation qui nuisent à l'efficacité.
- de communiquer de manière à envenimer les conflits.

Notre relation à l'autre est faussée par nos demandes inconscientes

Pour être efficace, notre relation à l'autre doit être recentrée en permanence sur nos objectifs

Comment utiliser la méthode C.Q.R.D pour améliorer nos relations avec les autres :

1) Faire le Constat de la manière dont nous mettons en place les 3 éléments constitutifs de notre relation aux autres		
Objectif Déclaré / Objectif Inconscient	Demande Officielle / Manipulation (consciente ou non)	Communication efficace / Communication nocive

2) Questionner notre stratégie pour vérifier si elle nous rapproche de nos désirs profonds et des objectifs du groupe		
Objectif Déclaré / Objectif Inconscient	Demande Officielle / Manipulation (consciente ou non)	Communication efficace / Communication nocive

3) Réfléchir à nos vrais objectifs (désirs profonds) et aux meilleurs moyens de les atteindre.		
Désirs Profonds	Demande Réelle	Communication Juste

4) Décider consciemment de mettre en place cette nouvelle stratégie		
Objectif Conscient	Demande Négociée	Communication Efficace

La première phase consiste, comme d'habitude, à prendre conscience de ce qui se passe, à faire les Constats de départ.

Constat : Eric est directeur commercial et déclare vouloir (objectif) obtenir la direction générale et gagner le plus d'argent possible. Or, inconsciemment, il est angoissé par ses responsabilités et il a besoin (objectif) d'être moralement soutenu.

Ses deux objectifs ne sont pas incompatibles, mais le deuxième étant inconscient, la demande d'Eric aux membres de son équipe est incomplète: pour atteindre le premier, il cherche à imposer son pouvoir et demande la soumission, mais, ignorant le second, il néglige de négocier avec ses équipiers une collaboration efficace. Affichant un désir de diriger et ne demandant pas clairement leur soutien, il ne l'obtient pas et les performances du groupe en souffrent. Ne pouvant calmer ses angoisses, Eric manipule ses équipiers afin de les rendre responsables des faiblesses du groupe.

Sa communication est faite de commandements autoritaires et de reproches injustifiés. Ses collaborateurs ne comprennent pas et sont démotivés.

La deuxième phase est celle du Questionnement par rapport aux objectifs.

Question sur le degré d'efficacité : Eric a deux objectifs. Le premier (diriger) est traduit par une demande claire, le deuxième (être aidé) par une manipulation inconsciente et difficile à comprendre pour ses collaborateurs. Sa communication, qui est, en principe, l'outil lui permettant de demander ce dont il a besoin, ne fait que pousser ses collaborateurs à lui refuser leur aide. Eric va droit à l'échec.

La troisième phase consiste à Réfléchir à une nouvelle manière d'organiser les 3 éléments de la relation aux autres : les objectifs, la demande et la communication.

Réflexion : Ayant pris conscience de ses vrais besoins, et de l'inefficacité de sa stratégie actuelle, Eric peut repenser sa demande vis à vis de son équipe afin que celle-ci l'aide à se rapprocher de son but. Il fallait qu'Eric se rende compte qu'il était handicapé par ses inquiétudes et que ceci le poussait à rendre les autres responsables des faiblesses que ses angoisses l'empêchaient d'admettre. Il peut maintenant envisager un nouveau mode de communication moins agressif, plus objectif, fait de négociations, afin de rendre compatibles les objectifs de l'ensemble de l'équipe.

La dernière phase est celle des Décisions. Choisir les objectifs en conscience, négocier un rapprochement des demandes, adopter une communication efficace.

Décision : Eric fait le choix conscient de ses objectifs en donnant la priorité au nouveau partage des responsabilités et en minimisant l'importance de son désir de pouvoir personnel. Il négocie la mise en place de sa nouvelle stratégie, au lieu de manipuler ses collaborateurs et il instaure un nouveau mode de communication pour mettre en œuvre ces nouveaux accords.

Dans l'exemple d'Eric, il apparaît clairement que ce qui nuit à l'efficacité de la relation de travail est essentiellement l'existence d'un objectif officiel déclaré et d'un autre objectif, non identifié clairement par le sujet, compatible ou non avec le premier, et qui donne lieu à une demande manipulatrice plus ou moins consciente.

Le mécanisme est le même dans les relations non professionnelles. L'existence de deux besoins à satisfaire (deux objectifs), l'un conscient, l'autre inconscient, donne lieu à deux demandes, l'une directe, l'autre manipulatrice.

Le degré de difficulté varie en fonction de la nature des objectifs :
Degré 1 : le sujet est conscient des deux objectifs et ceux-ci sont compatibles.
Degré 2 : le sujet est conscient d'un seul des deux

objectifs et ceux-ci sont compatibles.

Degré 3 : le sujet est conscient des deux objectifs mais ceux-ci ne sont pas compatibles.

Degré 4 : le sujet est conscient d'un seul des deux objectifs et ceux-ci ne sont pas compatibles.

Exemple de degré 1 : Le mari aime sa femme et veut (objectif) passer le plus de temps possible avec elle. Il veut également (objectif) consacrer beaucoup de son attention à son métier qui le passionne. Il peut y avoir des tensions, mais s'il met autant de soin à atteindre ses deux objectifs, il peut réussir à la fois professionnellement et dans sa relation à son épouse.

Exemple de degré 2 : Le deuxième mari a un métier qui ne le passionne pas beaucoup mais il veut (objectif) absolument réussir sa carrière. Il a besoin (objectif) que sa femme le soutienne et le rassure, mais il ne s'en rend pas compte. Les deux objectifs sont compatibles, mais les pièges sont plus grands. Son premier objectif est difficile à atteindre car il n'a pas la motivation suffisante pour réussir. Inconscient de l'importance de sa demande à son épouse, il la manipule en la rendant responsable de ses difficultés professionnelles et il ne reconnaît pas ses mérites. Sa communication faite de reproches est agressive. La relation est très difficile.

Exemple de degré 3 : Le troisième mari veut (objectif) que son épouse travaille pour ne pas supporter seul la charge financière de la famille. Il veut également (objectif) que sa femme soit totalement disponible pour ses enfants et lui-même, qu'elle leur consacre tout son temps libre, en dehors de son travail et qu'elle entretienne leur maison à la perfection et sans aide. Ce mari est conscient de ses objectifs, mais ceux-ci s'avèrent vite être incompatibles. Chaque demande, faite séparément, peut être satisfaite, mais pas les deux ensemble. Le mari se met à manipuler son épouse en communiquant de façon à la culpabiliser. La relation va vers un échec.

Exemple de degré 4 : Le quatrième mari veut (objectif) aussi que sa femme travaille pour partager la charge financière de la famille, mais, sans s'en rendre compte, il ne supporte pas qu'elle soit indépendante de lui. En fait, il a besoin (objectif), par jalousie ou peur de la perdre, qu'elle dépende de lui totalement. Sa demande consciente a amené sa femme à trouver un travail. Sa demande inconsciente est incompatible avec la première et le transforme en manipulateur tyrannique. Sa communication est agressive et leur relation est un échec.

Mais revenons à la relation aux autres dans le cadre professionnel.

Alain était responsable d'une équipe de commerciaux. L'un d'eux, Hervé, avait des résultats très inférieurs à la moyenne du groupe.

Alain avait un "objectif officiel" qui était d'atteindre le chiffre d'affaires prévu pour l'année. Sa "demande officielle" aux membres de son équipe était donc de prendre les commandes nécessaires.

Cependant, sa relation à Hervé était tendue et le manque de résultats de ce dernier était vécu par Alain comme une nuisance personnelle causée par un incompétent qui remettait volontairement son autorité en question. Aveuglé par ce jugement, Alain ne se rendait pas compte que son "objectif inconscient" était une forme de vengeance. Il voulait satisfaire son besoin de dominer Hervé et c'est pour y parvenir qu'il le manipulait de toutes les manières possibles. Sa communication était agressive et portait plus sur ce qu'il pensait de Hervé que sur les solutions qu'il aurait fallu mettre en œuvre pour améliorer les résultats. La violence de cette communication se manifestait de différentes manières. Les mots qu'il employait étaient blessants, l'absence de réponse aux questions d'Hervé était une constante provocation, ses regards étaient méprisants et les commentaires faits devant des tiers étaient humiliants.

Alain avait conscience d'être en conflit avec Hervé, mais il ne se rendait pas compte que la plus grande part de sa communication était issue d'émotions qu'il ne contrôlait pas. Les effets de cette communication sur Hervé, sur le reste de l'équipe et donc sur les performances étaient catastrophiques. Le chiffre d'affaires était en chute.

En résumé, Alain avait un objectif conscient et un objectif inconscient. Ce dernier était devenu le plus important et poussait Alain à une manipulation malveillante qui l'empêchait de mener à bien une négociation plus professionnelle pour atteindre le premier. Pour mettre en œuvre sa stratégie inconsciente, Alain développait une communication violente au lieu d'utiliser une communication efficace.

En face, Hervé avait un objectif conscient de gagner le plus d'argent possible en travaillant le moins possible. L'origine du conflit avec Alain était son manque de résultats. Cependant, par son attitude peu professionnelle, Alain fournissait à Hervé une excellente excuse pour échouer dans sa mission. Hervé avait pour objectif inconscient de faire porter par Alain la responsabilité de ses propres difficultés.

Grâce à une intervention extérieure, ils firent le Constat que tous deux avaient un objectif inconscient les amenant à manipuler l'autre par le biais d'une communication nocive. La Question de l'efficacité de leur relation mit leur échec en évidence. Cette relation manipulatrice et malveillante les empêchait d'atteindre leur objectif prioritaire dans l'entreprise.

En Réfléchissant avec le consultant en T.O.P. sur les possibilités de sortir de cette impasse, Alain se rendit compte qu'il perdait régulièrement de vue son objectif prioritaire qui était de développer le chiffre d'affaires. Quand il analysait la situation en se focalisant sur cet objectif, il voyait beaucoup plus clairement la marche à suivre.

Il Décida donc de mettre de côté ses griefs et de se concentrer sur sa demande prioritaire face à Hervé, avec qui il commença à négocier de manière plus professionnelle. Il adopta une communication également très professionnelle afin d'amener Hervé à se focaliser sur son objectif prioritaire, en ne lui accordant plus d'occasions de s'en écarter. Outre qu'Hervé n'avait plus d'excuses pour justifier ses manques, il avait maintenant une réelle motivation car il se sentait beaucoup plus respecté et valorisé par le comportement d'Alain. La relation devenait nettement meilleure et encourageait les deux à poursuivre dans cette direction au point que leur désir de domination pour Alain et de contestation systématique pour Hervé disparut faute d'être nourris par la manipulation réciproque.

En y repensant quelques mois après, Alain n'en revenait toujours pas de constater à quel point il avait été handicapé dans son rôle de manager en se trompant inconsciemment d'objectif. Depuis cette expérience très instructive, il avait acquis et cultivé le réflexe de se rapporter systématiquement, à chaque fois qu'un problème surgissait ou qu'une décision était à prendre, à son objectif prioritaire.

Inlassablement, il se posait à lui-même et aux autres la question suivante : "Quand nous faisons ceci, est-ce que nous nous rapprochons de notre objectif qui est de … ?"

Il avait su remettre son mode de management en question et pratiquait depuis, le management en questions.

La méthode et les conseils abordés dans ce livre sont d'une très grande efficacité en vue de l'amélioration des performances individuelles et des groupes de travail.

Pour que cela soit vrai, cette méthode doit être mise en place par la volonté de la direction générale qui la rendra applicable dans l'entreprise. Ce doit être une partie importante de la mission que l'entreprise se donne : promouvoir les méthodes de travail permettant à chacun de rehausser son niveau de compétences pour le travail en équipe au fil des ans.

Les outils et conseils proposés ne seront efficaces que si l'organisation de l'entreprise, à son plus haut niveau, et le style du management pratiqués à tous les échelons les rendent utilisables.

Dans ce cas,

- Ils permettent de créer un environnement de travail dans lequel les individus fonctionnent au maximum de leur potentiel, tout en rehaussant ce potentiel au fil des ans.

- Ils engendrent une motivation et un échange de compétences qui font progresser les entreprises et génèrent plus de résultats.

- Ils améliorent la qualité du travail et la qualité de vie en général.

Achevé d'imprimer en 2004 sur les presses de
Jouve

N° 346351E

Dépot légal : avril 2004.
Imprimé en France